高效决策

实现创造性决策的必备思维

[英] 约翰·阿代尔（John Adair）——著
鲍　婕——译

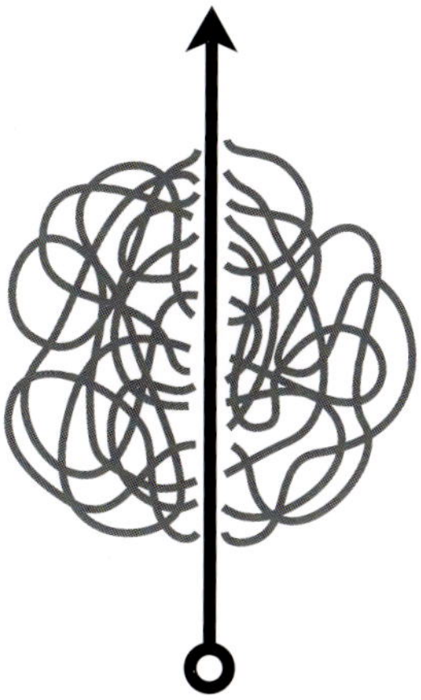

浙江人民出版社

图书在版编目（CIP）数据

高效决策：实现创造性决策的必备思维 /（英）约翰·阿代尔著；鲍婕译. —杭州 ：浙江人民出版社，2022.10

ISBN 978-7-213-10690-3

Ⅰ. ①高… Ⅱ. ①约… ②鲍… Ⅲ. ①企业领导-经营决策-研究 Ⅳ. ①F272.91 ②F272.31

中国版本图书馆CIP数据核字(2022)第129194号

浙江省版权局
著作权合同登记章
图字：11-2020-071

高效决策 实现创造性决策的必备思维

Gaoxiao Juece: Shixian Chuangzaoxing Juece de Bibei Siwei

[英]约翰·阿代尔 著 鲍 婕 译

出版发行：浙江人民出版社（杭州市体育场路347号 邮编 310006）
市场部电话：(0571)85061682 85176516
责任编辑：尚 婧
营销编辑：陈雯怡 陈芊如
责任校对：戴文英
责任印务：刘彭年
封面设计：济南新艺书文化
电脑制版：杭州兴邦电子印务有限公司
印 刷：杭州钱江彩色印务有限公司
开 本：710毫米×1000毫米 1/16　印 张：10.75
字 数：132千字　插 页：2
版 次：2022年10月第1版　印 次：2022年10月第1次印刷
书 号：ISBN 978-7-213-10690-3
定 价：58.00元

约翰·阿代尔
John Adair

国际公认的领导学权威

约翰·阿代尔是世界上关于领导力和领导力发展的领军权威之一，被誉为“欧洲的彼得·德鲁克”。

约翰为巴克莱银行、劳埃德TSB银行、英美烟草公司、杜邦公司、英国皇家空军、英国奥林匹克委员会等机构提供管理咨询服务，他是许多企业、政府部门、非政府组织的管理顾问。全球超过100万名经理人参与了他倡导的以行动为主的领导模式（Action-Centred Leadership）项目，他的理念和方法启发和激励了整整一代的管理者。

约翰出版过50多部著作，其中包括畅销书《不是老板而是领导者》（*Not Bosses But Leaders*）、《约翰·阿代尔领导力词典》（*The John Adair Lexicon of Leadership*）、《鼓舞人心的领导》（*The Inspirational Leader*）、《如何培养领导者》（*How to Grow Leaders*）以及EFFECTIVE系列等。

目录

CONTENTS

EFFECTIVE DECISION MAKING

前　言 / i

导　论 / iii

01 管理实境 / 1

02 了解你的思维 / 13

03 分　析 / 24

04 整体思维 / 47

05 想象思维 / 55

06 评　估 / 69

07 你的第六感：直觉 / 80

08 深层意识 / 90

09 选　择 / 98

10 争　辩 / 114

11 有益的创意 / 129

12 发展你的思考技能 / 145

答　案 / 157

前言

EFFECTIVE DECISION MAKING

PREFACE

重新修订的《高效决策：实现创造性决策的必备思维》是培养高效思维模式的全面性指导手册。本书针对领导者如何做决定、如何解决问题以及如何创新提出了实用性的指导。能够完成本书，我甚感欣喜，也希望读者在阅读本书时能有同感。

管理学理论学家道格拉斯·麦格雷戈（Douglas McGregor）曾提出“企业的人性面”这一概念。自我从业之始，时至今日，我一直极为认同这一概念并由此得出企业培训和发展的三个关键词——领导力、决策和沟通。之后，我又加入了第四个关键词——时间管理。很显然，若你无法合理安排时间，其他三个方面都无从谈起：你既没有时间思考，也没有时间倾听。

这“三大点”抑或是“四大点”不是单独离散的，它们是集合在一起的，共同助力你成为一名高效的管理者。在《高效领导：成功领导的行动指南》这本书中，我用“三环模型”探讨了关乎领导力核心内涵的三个互相影响的概念：任务达成、团队建设和个体发展。

初看之下，“决策”似乎只和“三环模型”中的“任务达成”有所关联。然而，本书中探讨的管理实境中的“决策”既包括问题解决也包括创新思维，必然会与“三环模型”中的其他两环——“团队建设”以及“个体发展”产生联系。“三环”是相互作用的。

本书想要传达的信息很简单：作为一名决策者，你只要花点心思，就可以大大提高你的决策力。诚然，这需要经年累月的实践。但是，在你调动“深层意识”工作时（参见第8章），或者反思自己过往的成败时，只要你能运用本书中讲到的基本原则，你就会一点点地取得进步。

通过此书，也许有一天，我们也可以获得古希腊人所崇尚的“实践智慧”。“实践智慧”是敏锐智力、丰富经验与至善品格完美结合的罕见品质。希望本书能为你指引方向，助你扬帆起航。通过此书，与你同行，我深感荣幸。

约翰·阿代尔

导论

EFFECTIVE DECISION MAKING

INTRODUCTION

决策能力是高效领导力的重要组成部分。想要成为一名成功的领导者，首先要具备的就是决策能力和沟通能力。本书旨在帮助读者提升决策能力。

做出决定的那一瞬间我们无迹可寻。很多时候，我们甚至意识不到决策的那一瞬间。我们主要关注的是下决心做某事的过程以及做决定过程中的心理活动。简而言之，我们关注的是思考的过程。

对任何一个领导者来说，从思考到行动都绝非易事。知名企业家罗伊·汤姆森（Roy Thomson）曾提道：“一个人若想成功，必然需要殚精竭虑。这个过程异常艰难，很少有人能真正做到。”

决策意味着你需要在多种可能中做出选择。思考帮助我们权衡每一步行动的利弊，是决策过程中的前期准备工作。果断的人可以在时机成熟之时停止思考，采取行动。

此种性质的决策不应该耗尽你全部的思考时间。首先，这种决策的前提是你清楚自己要达成的目标。由于现实往往并非如此，因此组织机构的负责人需要常态化地认真思考想要达成的目标。

其次，思考的另一个重要维度与日常决定无关，它涉及创新。新产品的发明、新业务的拓展、新技术的研究、现有产品服务的更新换代、新市场的开发，这些都需要创新思维能力。此种情况之下，若将过多的时间和精力耗费于日常决策，就会降低效率。

此外，我们还要关注与实际领导力息息相关的“问题解决能力”。“问题”通常指的是抛到你面前的未知的且亟须关注、回答或解决的事情。“问题”是个含义广泛的概念，我们在日常生活中常常用到这个词，比如：杰克的酗酒问题、失业问题、调动人们积极性的问题、通货膨胀的问题等。

上述例子中的“问题”可以宽泛地理解为需要我们做出决定的情形和事件。因此，决策和问题解决这两项活动注定密不可分。事实上，管理学现有文献中常将这两者归为同义词。我认为这是错误的。

我认为作为一名商业领袖，或者任何一个行业的领袖，你可能会面临两大类问题。第一类问题就像你前进道路中的障碍。你已经明确你的目标并且选择了相应的行动，突然，你在执行的过程中遇到了某个预想之外的障碍，比如，供应商的员工罢工或者关键员工突发疾病。这种情况下，你该怎么做呢？这种情况的发生其实很有可能源于你之前所做的决定。比如，如果你之前没有决定休假一周外出，而是坚守岗位，那么关键员工的突发疾病很可能就不是一个问题。如果你不做某个决定，你就不会有任何问题。解决问题和做出决定会经历同样的思维过程。

第二类问题属于整个系统中的某个问题，比如，整个机械系统中出现了某个机器故障或者生产线故障。若发生这样的情况，管理者就像医生一样，需要检查患者全身来诊断病症。你需要研究患者症状，找出引发症状的潜在原因。只有找出潜在病因并对症下药，患者的整个身体系统才会恢复健康。这类问题的解决很大程度上依赖于过硬的专业知识和丰富的实践经验。随着你管理职位的不断提升，你很有可能会将这类问题假手于相关领域的专业人士。因此，这类问题的解决不是本书讨论的重点所在。

很多问题，比如填字游戏，并不需要采取行动就可以解决。而“决策”这个概念暗含了行动和改变：一切不会照旧，会和以往大不相同。所以，那些善于解决纯理论问题的人们未必能很好地解决充满风险和不确定性的现实问题。

本书的第1章主要探讨需要管理者做决定的现实情境。在这一章节中，我以现有研究中关于理性管理者的理论为参考，对比现实中管理者的行为，引导你认真思考你的时间安排和使用。此外，在这一章节中，我还论述了决策的重要性。

在接下来的章节中，我回顾了思考的基本功能——分析、推理、整合、想象和评估。通过大量的实例和案例研究，我对这些功能进行了具体的阐释。我尽可能引用优秀决策者和思考者的成功案例。当然，并不是所有案例都来源于职场。你也可以发挥想象，运用类比，将书中的案例延展到生活中的各个方面。为进一步引发你的思考，我还在书中加入了一些练习。

在第8章中，我探究了决策过程中“深层意识”的作用。“深层意识”和“直觉”密切相关，却鲜有人关注。如果你能意识到它的存在并了解它的运行机制，你就能在决策的过程中更加充分地利用自己的这种“潜意识”。

在本书的余下章节中，我重点关注如何在多个可行方案中做出选择，如何证明所采取行动的合理性以及如何生成新的想法。最后一章是本书的总结，将本书所讲内容串联在一起，并就如何发展决策能力提出可行性建议。希望此书可以为你提供一些有益的参考。

01

管理实境

没有领头鸟，鸟群飞不远。

——中国谚语

思考不是发生于真空中的。本书将聚焦工作实境中的管理者。

管理者承担着很多压力。他们与所处的环境互动，考虑要达成的特定目标。环境是不断变化的，企业目标和管理者本身也是不断变化的。因此，管理者就如同在波涛汹涌的大海中驾驶一艘小船摸索前行，很多时候甚至没有地图或航海图可供参考。这是对管理能力的真正考验。

在本章中，我们将探讨那些影响甚至决定管理者制定决策的关键因素。你也许会在此书中发现自己的影子，我们一起努力，把“你”变得更好。

什么是管理？很多作者都急于先给管理下一个定义。在本书中，我认为我们更有必要先来探讨一下我们所了解的管理者，以及成为一名成功的管理者所必备的素质。

关键能力

众所周知，制定决策与解决问题是管理者的核心职责，当然，这里的“众”指的是以管理学为研究领域的学者和现实中的管理者。本书重点关注后者。

造成不同行业薪酬差异的原因之一就是不同行业“决策内容”的差异。外科医生、飞行员、垃圾回收工人都需要在他们的工作中做出决策。为何外科医生和飞行员相比于垃圾回收工人收入更高呢？这是因为他们的决定“关乎生死”；他们的工作需要经年累月的知识积淀方能胜任。曾有买主向著名画家抱怨，为何一幅一气呵成的画像要收取6个小时的工时费用？画家答道，这幅画像远不止6个小时的工时，而是30年的经验与积累。

同样的道理，一个耗时3年的大型城市中心重建项目的收费要远高于一个厨房改造项目。在相关领域，你的收入取决于你决策的“质”和“量”。

因而，决策对于管理而言至关重要。有人将“管理”定义为“决定做什么以及如何做”。决策先于执行，而成功与否既取决于决策本身，也取决于决策能否高效执行。在决策与执行的过程中，领导力、沟通、动机等因素开始发挥作用。归根结底，任何事情迈向成功的第一步都是高质量的有效决策。

理性管理者

从管理学的传统视角来看，决策者应做到条理分明、循序渐进。决策者需要权衡不同目标，找到其同一性并对有可能出现的问题了然于胸。他们需要收集所有的信息，考虑所有的路径和解决方法。

按照管理学理论，如果一名管理者可以权衡不同选择的结果并最终做出决定，那他就可以被称作理性管理者。这就是管理学语境中“理性”

的含义。举个例子，如果要追求的最终目标是利润最大化，那么这个目标的达成就可以用数字评估。是选择将资金投入10%回报率的股票还是12%回报率的股票？仅就利润而言，决定选择哪个显而易见。

理性管理者实境操练

假如你是一家小型建设公司的老板。一天，你被告知公司已经使用了8年的货车即将报废。你有一个月时间来做决定。你可以选择采取如下行动。下列选项你会排除哪些？对于未排除的选项，你如何安排顺序？

1.从最近的代理商处购买一辆新的货车。

2.去西班牙度假一个月。

3.买个农场。

4.查询不同型号货车的租赁价格。

5.确定所需货车的型号。

6.询问银行经理可贷款的额度。

7.计算你能承担的金额。

8.计算税额。

9.详细了解适用货车的所有型号，以及价格、油耗等。

10.获取维修旧货车的三个报价。

11.洗个冷水澡。

12.卖掉公司。

13.认真评估所有的选择。

14.咨询你的员工。

15.查询干草、马匹和马车的价格。

无关选项为2、3、11和15。这些信息和活动也许很有趣并令人愉悦，但它们对于此事件的决策却没有什么作用。而剩下的选项都很重要。

理性管理者首先要明确所面临的问题。此案例中的问题在于是要购买新货车，还是维修旧货车。然后，理性管理者需要掌握所有相关信息（4、5、6、7、8、9）并列出所有合理的选择（13）。在对所有选择进行评估之后，他们会做出决定并采取行动。这个决定可能是卖掉公司，或者从最近的经销商处订购一台新货车，或者干脆什么也不做。关键在于要在最适合的时间做出最适合的选择。那么，管理者是否需要咨询员工的意见呢？这取决于管理者的领导风格，有些人会咨询员工意见，有些人从不这样做。

“五步走计划”

在决策制定的培训课程中，我经常会让管理者们列出他们在做决定或解决问题时的主要步骤。如图所示，大部分管理者列出了如下“五步”。

“五步走计划”

步　骤	主要行动
明确目标	确定目标，意识到决策的必要性
收集信息	收集整理数据，查证事实，听取意见，查明潜在原因，确定时间节点和问题处理标准
开发选项	列出所有可行的行动方案，集思广益

（续表）

步 骤	主要行动
评估选项、做出决定	分析各选项的利弊，测算结果，比对标准，试验，针对目标试测，选出最佳方案
实施方案	执行决定，监控，复盘

也许上述内容缺乏一定的真实性。原因在于数以千计回答此问题的管理者们告诉我的都是“应该做的事”，却未必是他们在真实情境中“实际做的事”。他们也许参加过相关主题的培训或阅读过相关主题的书籍，因此十分了解被普遍认可的“五步走计划”。

尽管如此，能就此问题达成共识仍然意义重大。这说明管理者们在联合决策和解决问题时都会参考这个步骤计划，“五步走计划”已然成为团队协作时的参考框架。此外，这也说明了现实中很多管理者在努力按照这个步骤去做。

EFFECTIVE DECISION MAKING

“五步走计划”实战练习

你上周恰巧去参加了一个有关决策制定的会议，回忆一下会议主席是如何引导团队实行“五步走计划”的。或者，如果你现在要做一个有关个人的决定，以“五步走计划”为框架，写出你决策的步骤。

下面，我对“五步走计划”稍加拓展，生成新的“决策模型”。本模型中新引入的概念“感官效应”（sense effects），指的是在厘清问题本质之前，能够下意识地感知出问题的迹象或者症结。

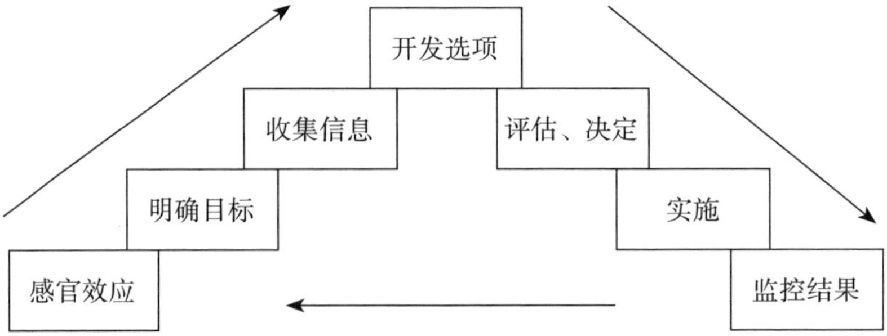

决策模型

影响决策的因素

当今，在决策的过程中，管理者需要考虑很多因素，这些因素远比早期管理学研究中设想的因素范围要广泛。美国研究者尼古拉斯·尼古拉迪斯（Nicholas Nicholaidis）曾经分析了公共部门中高管的332个管理决策案例。研究结果显示，这些决策的制定并非单纯基于逻辑推理，还深受情绪、强权政治、他人以及决策者个人价值观的影响。此外，决策者很少选择管理学书籍中所推荐的最佳解决方法，而是更倾向于在两种或多种路径和解决方法中寻找令各方满意的折中方法。这些折中的解决方法一般具有如下特征：

◎ 与决策者个人兴趣、价值观和需求相契合，或至少在一定程度上契合。

◎ 符合决策者上级领导的价值标准。

◎ 可行性受到决策影响人群和决策执行人群的认可。

◎ 在所处环境中具有合理性。

◎ 一旦决策产生的实际结果和预想发生偏差，决策人可以找到理由为自己辩解，全身而退。

尼古拉迪斯这项研究的信度和效度虽有待考证，但此研究却真切地揭示了管理者考虑问题时的那些不合逻辑的元素，比如，个人情绪和个人价值观。

还有一个因素尤其影响循序渐进、有条不紊的决策制定——时间匮乏。你没有足够时间收集所有重要和相关的信息，也没有足够时间对全部选项进行全面的评估。多数管理者都认为，在大部分情况下他们没有充分的“思考时间”。

另外，“他人”以及“强权政治”的影响之大揭示出传统视角下管理决策制定中常常被忽略的关键因素——人的向心性。这是下一章的主题。但在这里，我还要提醒一句，将“人”的因素纳入考虑范围并不代表你可以无视理性。

通过理性思维做出的决策和那些未经推理或者未遵循“五步走计划”而做出的决策还是有鲜明差别的。

管理的本质就是决策。传统视角下的决策离不开“五步走计划”：明确目标、收集信息、开发选项、评估决定、实施。管理的理性范式强调通过测算结果做出最佳选择的重要性。同时，你要记住，你所测算的结果不仅限于经济层面。我们应该放眼全局，考虑其他方面的得与失。此外，很多管理者似乎并不严格按照循序渐进的步骤做出决策，而是更多地依赖于本能和直觉。管理者往往面临诸多压力。比如，时间的紧迫致使管理者很难系统地按照流程做出决策。而压力陡增又会导致思维能力下降和犹豫不决。管理者若想更高效地做出决策，充分的思考时间成了头等大事。因此，他们必须学会合理安排时间。

员工是人，不是企业的配件

人员管理并非易事。但是人员却是你企业中最宝贵的资源。企业的运转需要全体人员的通力合作。作为管理人员，你有下属，也许还有平级同事和上级。管理的经典定义就是通过合理调用人员，达成预想的目标。

相对于其他职业，如作家、漫画家、科研人员、大学讲师等，企业管理者这一职业更加依赖于“他者”。“他者”构建了管理者思考范围的又一维度。举个显而易见的例子，管理者需要花费大量的时间和其他人通过会议、面谈、随机讨论、通电话等方式进行沟通。

管理者应该将员工视为整体的人，而不是企业的配件。企业是由一群共同追求有限目标的人员构成的。作为一名管理者，你只能要求你的员工为这一目标贡献自己的一部分，却不能要求员工贡献他们的全部。员工的自我实现和企业目标实现之间可能会存在某些冲突。

作为一名管理者，在某种程度上，员工是你借以实现目标的工具，正如你也是股东和高级管理者实现目标的工具一样。尽管如此，“将人作为人而非工具或零件去看待”是最基本的道德准则，员工作为“人”不只服务于企业，还有自己的生活。

关于雇佣员工一般有两种设想。第一种设想是作为管理者，你“购买”的仅仅是员工的时间，是“人力”。第二种设想是作为管理者，你“购买”的是员工整个人，员工属于你的企业，员工的利益和企业的利益高度一致。

持第二种想法的企业管理者坚信能够通过有计划的措施将员工改造成为“公司人”，时刻想着公司的利益。这样的企业管理者忽视了企业与员工之间的合同关系。对于员工来说，公司无法带给他们家庭、宗教或者民族能带来的归属感。当然，有的时候，员工也愿意承担职责之外的事情，甚至奉献自己。但是，这与企业要求他们全身心投入工作并窥探他们作为人的隐私完全是两回事。企业没有权利控制员工的思想。

以此类推，任何一个员工，不管他的职位有多高，也没有权利在工作中完全做自己。暂且不说“完全放飞自我”对他人造成的不便，从根本上，企业就不是你实现自我的地方，企业有企业要达成的目标。换句话说，你和企业之间的“有限合同关系”是双向的。

工作中注定会出现两种价值体系的冲突——唯生产力的价值体系（注重利润、产品和服务）和人本主义价值体系之间的冲突。但两者之间的冲突不应过于激烈。平衡两种价值体系是企业有效管理的核心。

毕业于剑桥大学英文系的一名年轻的实习经理对此发表了如下看法：

> 很多毕业生愿意接受企业提供的职位，但是他们不愿意一下子就放弃他们通过多年教育形成的个人身份认同。
>
> 我主张毕业生没有必要一参加工作就马上认同商业世界的价值观。也就是说，他们可以对大企业所推崇的利润动机的效能持怀疑态度。
>
> 他们可以保持自己的信仰，表达自己的意见，即便这些可能不切实际。他们可以对操控别人的管理手段持怀疑态度。简而言之，他们可以保持自我，不归属于企业。
>
> 很多毕业生现在过着双面生活：白天应付主管的要求；夜晚和周末冷静客观地审视自己的职场生活。
>
> 这像一种分裂症。个人对商业世界激烈的否定和公众对商业市场的接受混杂在一起。这种分裂产生的结果和影响还未可知。

一位高级经理人是这样评价这些看法的，他说：“也许所有怀有这种期望的毕业生都应该明白，离开大学不是结束，只是开始阶段的结束。充满抱怨的态度不会为你在商业世界赢得同情。”你认同这种观点吗？

消除这种分裂症的一个方法就是在企业需求和个人需求之间创造更多的重合点。这样的话，管理者自然会对工作尽心尽力，个体员工也会努力成为更好的决策者、问题解决者和创新思维者。这是因为在很大程度上，员工是在为自己工作，同时也在努力帮助企业实现有价值的目标。真实、持久的满足感代替了阻碍良好工作表现的疏离感。

让员工参与到决策中来

只有管理者需要参与决策制定这项“烧脑”的活动吗？首先，我想谈一下在旧式的制造企业中盛行一时的对于管理者和员工的区分。一般而言，管理者理所当然地需要为工作尽心尽力，动用他们的聪明才智做出决策、解决问题。而员工则不需要过度参与这些，他们只需奉献自己的“体能”或者“手工”。员工劳“力”不劳“心”。在当今，这种旧式的对于管理者和员工的区分已然不复存在。

最后，我认为，你是否将“人”视为你最宝贵的资源取决于你对人性的信念。我坚信，不论肤色、信仰与种族，大部分人都会响应领导者的号召，为目标的达成群策群力。人的本质就是助人为乐的。有时，我们不愿施以援手是因为社会或父母曾经伤害过我们；或者因为我们不幸遗传了某些不良基因。但总的来讲，人们还是愿意互相帮助的。因为人类属于社会性群居动物，靠着互相帮助才得以繁衍生存。

小结

当今的大部分企业依靠人力得以运转。除去其他方面的开支，人员维持是企业最大的开支之一。因此，对于企业来说，最重要的一件事就是创造良好的环境或氛围，让员工可以在工作中最大限度地发挥他们的聪明才智。领导力和良好的沟通能力对于这种环境和氛围的创设十分必要。好的氛围和环境有了，员工就会更好地做出决策，更好地解决问题，更好地发挥创造性思维。工作也会变得更加有趣。

管理实境中的关键点

◉ 决策在各个层面和维度都是体现领导力不可或缺的一部分，比如，在团队建设层面、运营层面、战略层面。管理者在做出决定时不应该罔顾他人意见，独断专行。但是另一方面，管理者是决策制定和执行的最大责任人。

◉ 一些简单的框架对于决策制定具有很大参考意义，比如“五步走计划”。它将决策的过程分为五个元素：明确目标、收集信息、开发选项、评估决定、实施方案。

◉ 尽管在现实中，决策制定每步之间的界限未必清晰，但是整个过程仍然应该体现这五个元素。换句话说，决策制定的过程遵循隐形秩序。如果忽略或省略了任何一个元素，整个过程也许就会触礁。

◉ 任何决策的制定都需要耗费一定的思考时间。时间紧迫会给决策制定人带来压力，进而导致他们思考能力下降。因此，时间管理尤为重要。

◉ 员工是人，不是配件。他们用自己的智慧、经验、创造力为企业服务，希望为企业奉献自己的一份力量。企业领导应该对此心怀感恩。

领导者的工作不是把卓越注入人类，而是把它引发出来，因为卓越原本就在。

——约翰·巴肯（John Buchan）

02

了解你的思维

思考，我爱思考。

思考让我们了解未知的生活，

思考让我们用良心检验判断，

思考让我们直面生活，解读可知的事理，

思考让我们分析过往的体验，总结经历的事情。

——戴维·赫伯特·劳伦斯（D.H. lawrence）

先天遗传和后天教育赋予了你思考的能力。通过提升你的思考能力，你可以提升你的决策能力。本章旨在建构出一幅示意图，用以说明你的大脑以及你的组织中每个同事的大脑是如何运转和工作的。之后，我们会探讨这幅示意图或模型中的主要组成部分。为了成为一名更高效的思考者，你需要将你的思考能力加以细分并逐一提高，而在实际的决策制定或问题解决中，这些能力很难区分。

了解思考问题时大脑的工作机制并非易事，就如同你想扑到你的影子上一样困难。从本质上讲，大部分人都不善于自省。尽管如此，我们不能让这一本性阻碍我们去了解自己心脑功能运行的范围和深度。事实上，孤独的自省并不能帮助我们更加了解自己的思考能力，只会让我们变得更加内向，但是我们需要在大脑正常工作时猝不及防地捕捉它的运行状态。

你可以把你的思考能力想象成聚光灯下的一支足球队。镜头中的各位队员不停地变换着各种姿势摆拍。他们双臂交叉，露出完美的笑容，也许脚边还摆着一两个奖杯。但是镜头所拍下的这些却无法让你了解他们的球技，也无法让你理解足球这项运动。你应该捕捉的是他们和另一队在赛场上厮杀、传球、假装避让之后向前猛冲、遵守规则或者犯规的状态。只有这样，你才能逐渐理解足球这项运动。以此类推，了解大脑思考的运行机制不外如是。

开动脑筋，试着做以下练习。

练习1：谁要去巴克大街?

5名出租车司机被召集到伦敦俱乐部去接5名乘客。到了之后，司机们发现他们要接的乘客都有些醉意。这5名乘客有不同的姓氏、不同的名字、不同的职业、不同的目的地；并且他们的妻子名字也不同。

司机们不知道谁是谁，也不知道谁要去哪里。他们想请你帮忙确认一下：谁是贝克先生？伯特姓什么？谁要去巴克大街？你所掌握的乘客信息如下：

1.布拉德和贝蒂是一对夫妇。

2.芭芭拉的丈夫要乘坐第三辆出租车。

3.巴特是个银行家。

4.最后一辆出租车开往巴顿大街。

5.碧翠斯住在伯顿大街。

6.屠夫乘坐第四辆出租车。

7.鲍勃乘坐第二辆出租车。

8.柏妮丝是经纪人的妻子。

9.巴克先生住在伯顿大街。

10.伯格先生乘坐布伦达丈夫出租车前面的那辆出租车。

11.邦杰先生乘坐第一辆出租车。

12.贝克先生住在波本大街。

13.理发师住在贝克大街。

14.贝克先生乘坐伯克先生出租车前面的那辆出租车。

15.布莱恩的出租车往前数三个就是理发师的出租车。

16.伯格先生在屠夫前面的出租车。

如果你能在30分钟完成这个练习，属于平均水平。20分钟之内完成，说明你很优秀。15分钟或15分钟以下完成，属于异常优秀。

答案参见本书157页。不要作弊!

脑力

在做上述练习的过程中，你调用了大量的脑力。大脑中有大约100亿个神经元，也叫神经细胞。有科学家指出，我们每天要损失1万个脑细胞。但是由于我们大脑强大的供给，即便到了80岁，我们才仅仅会丧失大约3%的脑容量。如果你坐下来一个个地数你的脑细胞，以一秒钟数一个的速度，全部数完需要耗时超过3万年。

每个神经元就像一个小的海星或者八爪鱼，带有突触。神经细胞之间通过突触相连。每个细胞可以和它周围约1万个细胞相连。这样就可以形成以天文数字计的可能组合，1后面有无数个0。换句话说，一个大脑中神经元形成的可能组合的数量比整个宇宙中可能存在的原子数量还多。当你在思考“谁去巴克大街”这个问题时，任何一个瞬间，你头脑中都会有10万到100万个细胞在进行化学反应。

大脑和思维的区别可以以电视机为例来阐释。如果你打开电视机的后盖，拆出彩色的电线和电路这些硬件，你就相当于在研究“大脑”。神经外科医生给大脑做手术就像电工修理电视机硬件。如果你观看电视屏幕显示的内容，你就相当于进入了“思维”的领域。“思维”是意义构建的过程。毫无疑问，本书的关注点是思维，而非大脑。

关于大脑的研究显示，人类的思维潜力无限。大多数思维能力的缺陷不该归咎于大脑的生理缺陷。思维能力缺陷是由于我们不知该如何有效运用我们的大脑而产生的。

大脑的三大类属功能

大脑有不同的工作方式。我们可以将之称为元功能或者类属功能。比如，解决前面练习中的问题很明显需要你动用分析能力和逻辑思维能力。这两种能力联系紧密，可以归为同一类属——分析仪功能。在你解决上述问题时，这一类属下的两种能力发挥主要作用。当然，在思考的过程中你也可能用到其他类属下的某些能力。大脑一共有三种类属功能：

分析仪

分析仪的主要功能是将整体分解为部分。分析仪就如同蚂蚁，可以把任何复杂的事物拆解为简单的元素。“分析”（analyse）这个词来源于古希腊语，具有“松开”和“打碎”的含义。

合成器

合成器的主要功能和分析仪相反，主要起整合的作用。在整合的过程中，各“零部件”被重新装配到一起。英语中“合成”（synthesize）这个词也来源于古希腊语，有“拼凑”的含义（这个主题将在第4章展开详述，在第4章我把它称作“整体思维”）。

评估师

评估师的功能主要围绕对于价值和意义的洞察。它包括各种形式的判断、评论和评估。这一类属下的末端分支承担实际测量、计数、测试等具体工作。

这三大类属功能是我们后面章节讨论的重点。所以在这里，我先不深入展开。你可以先停下来反思片刻，思考一下这三大类属功能哪项是你的强项，哪项是你的弱项。

运用你的深层意识

“深层意识”这个词对很多人来说比较陌生。我用它来表示我们头脑中那些起重要作用的无意识思维和潜意识思维。我们用海洋来打个比方。前面我们讲的那三大类属功能属于有意识的思维，相当于浅海部分。潜意识就像我们到了海洋中几英寸深的地方，比浅海要深，但是光依然可以穿透。无意识就像到了海洋的最深处，我们什么都看不见。从生理上讲，有迹象表明深层意识发生于大脑左右半球的内部。

深层意识的一个重要功能就是记忆。关于大脑的未解谜题之一就是我们如何能够在需要的时候，快速地回忆起以前的事情。如果有人问你某人的姓名，你也许经常这样回答（我经常这样）：“给我一两分钟想一下。”几分钟之后，你的头脑中就会浮现出这个名字。很神奇吧？

各种形式的记忆就像我们的私人数据库，在我们的思维中起重要作用。记忆并不是深层意识对我们有效思考活动的唯一贡献。弗洛伊德做了大量工作，将无意识思维纳入整个思维体系。根据他提出的很多著名论断，我们的无意识思维帮助我们把自己早期的挫败经历放入“垃圾桶”。这个“垃圾桶”中装的都是我们精神上的垃圾——受到伤害的自尊、破灭的希望、破碎的爱、怨恨、恐惧、童年的愤怒。然后，我们强迫自己给这个“垃圾桶”盖上盖子，封存这些压抑的情绪。但是，它们会在我们的梦境中爆发，或者在其他形式的行为中暴露，比如，著名的“弗洛伊德式的错误”。然而，我们需要知道的是，弗洛伊德的论断是基于他对精神疾病患者的研究。

为应对无意识思维的这种负面效应，后弗洛伊德心理学家认为很有必要再造一个词——潜意识，用来表示有益的潜在意识。这个词和我说的“深层意识”十分相似。

这种有益的深层意识最有趣的表征就是我们常说的“创造性思维”。没有人完全熟知深层意识的工作方式。然而，我们知道的是，深层意识可以将明显不相关联的碎片化想法合成为复杂的意义拼图。

罗伯特·路易斯·史蒂文森（Robert Louis Stevenson）这样描述他如何利用深层意识进行创造性工作：“完全沉浸于你的主题，让你的想法慢慢升腾，到一定程度之后，打开‘盖子’，让你的想法喷涌而出，不论好坏。”

深层意识可以帮你种下一颗种子，这颗种子生根发芽，就成为你的思维。深层意识还可以帮你完成整合碎片思维的复杂过程。正如路易斯·卡罗尔（Lewis Carroll）所描述的：

> 阳光明媚的夏日，我一个人走在山坡上。突然，我的脑海中浮现出一句诗："你看，蛇鲨是可怕的怪物。"我以前不知道这句话的意思，现在也不知道这句话的意思。但是，我把它写了下来。过了一会儿，我想起了一整节诗。刚刚的那句话是这节诗的最后一句。慢慢地，在之后的一两年，整首诗在我脑海中逐渐拼凑起来……

我认为深层意识同样有分析和评估的作用。深层意识的分析功能可以比作你的胃口。胃里充满了强大的生物酶，可以分解你吃进的每一餐饭。这就是消化功能——通过将食物分解为简单的化合物使之易于吸收。

关于深层意识的评估功能，我们很难给出精确描述。但可以肯定的是，我们的价值观根植于我们的深层意识中，很多时候我们并未意识到它的存在。只有在我们做具体事情或者做出某种抉择时，这种深植于深层意识的价值观才会起作用。理性上，我们认为先有价值观，然后基于价值观，再做出某种决定。而实际上很多时候，我们是先做出了某种决定，然后这种决定让我们意识到自己的价值观。另一个与此相关的现象是决策行为本身赋予了我们价值观。比如，"我推选史密斯成为分店经理，所以他一定很优秀"。

EFFECTIVE DECISION MAKING

在睡眠中使用你的深层意识

你也许曾有这样的经历：你在睡梦中思考一个问题，然后转天早上突然理顺了思路，做出了决定。如果你没有这样的经历，不妨试试。深层意识可以帮助你记住一些材料。所以，睡觉之前，你可以读一读你需要了解和学习的材料，最好大声朗读，把精力集中到这些材料上。睡醒之后，马上去回忆你睡觉前读过的材料，你会很惊讶地发现你可以记住很多。

我们是否可以开发一下深层意识这种巨大的逆推能力呢？是可以的。虽然有人在这方面明显比他人更有天赋，但只要你意识到你的这种“潜意识”并对它的工作机制感兴趣，你就可以迈出自我发展的第一步。在本书接下来的章节中，你可以找到更多的具体建议。

管理情绪

思考与情绪通常是相对的，虽然它们同属大脑的活动。显然，思考与情绪之间有着某种复杂的关系。想要提高思维能力，我们很有必要搞清楚这种复杂的关系。

情绪，还有动机，关乎那些能够打动你的事情。遇到打动你的人或者打动你的事，你就会产生情绪。情绪一部分是心理的反应，一部分是身体的反应。比如，当你身处危险或者威胁之中，你就会产生某种情绪。这种情绪可能是心理上强烈的恐惧感和生理上的某些变化，会让你的身体产生强烈的应激反应。如果这种情绪持续较长时间，就会增加你的压力。

“情绪”比“感觉”更加强烈。这意味着“情绪”存在于我们的深层意识中，平时都是休眠的状态，偶尔才会被激起。或者，我们可以用天气的概念来理解“情绪”和“感觉”的差别：“情绪”就像狂风暴雨或滚滚热浪，而“感觉”就像微风细雨、和煦暖阳。

众所周知，思考会带来情绪和感觉。简单问题历经尝试却无法解决会引发我们的挫败感。思考的过程可能是痛苦的，也可能是快乐的。有的时候，思考的过程给我们带来了太多的快乐以至于我们爱上了思考。有的人就完全沉迷于思考所带来的巨大快乐中。一旦我们做出了某个决定，这就意味着思考的终结和行动的开始。这时，热爱思考的人会找借口，继续享受头脑风暴。而那些认为思考是件苦差事的人则会尽量避免思考，因为思考让他们头疼、不快乐。

关于情绪，还有一点值得注意。有高度创造力的人们说他们在思考时会产生“感情反应”。这是一种“走上正轨”的感觉，就如同“预付款”，是未来的成功提前带来的精神奖励。有时，我们的情绪并不愿意充当配角，它想充当前锋或者侦察员，在我们的理性思维还没有完全把事情弄清楚之前，提前向我们报告前方取得的进展。

学习道路上的障碍

在你学习这本书的过程中，某些情绪有可能会左右你的成功或者失败。所以，我们先来讲讲这个问题——畏难情绪。“恐惧”就像一个九头怪物，沉睡于我们广阔的无意识思维之中，畏难情绪就像它的一个头。美国前总统罗斯福在1933年3月4日发表了他的就职演说，而彼时的世界正在经济萧条的漩涡中越陷越深。罗斯福总统大声地告诉美国人：“我坚信，我们恐惧的只是恐惧本身。”这是思考者最好的座右铭。

以学习语言为例，一位做出口生意的经理曾经对我说：“法语太难学了，我脑子不够使。”他错了。他的脑子可以做到，是他做不到。就学习语言而言，大脑的能力是无限的。维多利亚时代的一位语言学家能够讲200种语言。理论上，大脑可以认识大约80万个英语单词，但是我们大多数人日常能使用的不足2万个单词。大脑这种强大的功能引发我们思考这样几个关键问题：如果我们的大脑容量和以上所说的相差不多，那么我们平均每个人到底浪费了多少脑力？为什么会这样？因为我们不敢投入大量的脑力，或者我们尝试了投入更多脑力做事却依旧没成功，或者我们用错了方法，也或许我们没遇到好老师。

小结

你现在应该对我们在思考时大脑的运行机制有更清晰的了解了。你应该知道哪些主要能力可以被开发，也许你已经绘制出自己的头脑运行档案图了。那么作为一名思考者，你的优势和劣势是什么呢？

通过本章的学习，你可能改变了对同事或下属的态度。在职场大军中，其他人和你一样，都拥有100亿个脑细胞。雇佣这些“最强大脑”的费用构成了你企业最大的开支。这对企业管理者有何启示呢？很显然，你应该尽最大的能力让团队中的每个人在工作中充分利用他们的脑力。

了解自己思维的关键点

- 利用核磁共振扫描器开展的研究帮助我们了解了大脑的各个区域以及每个区域的功能。除了大脑，我们对思维这个概念也有所了解。大脑和思维之间的关系仍是一个谜题。本书所关注的是思维。

◉ 当你在思考某个问题时，你调用了大脑的三大元功能或类属功能，分别是：分析仪功能、合成器功能、评估师功能。

◉ 分析仪功能指的是将事物分解、剖析以了解其构成的功能。合成器功能指的是整合、装配的功能。评估师功能指的是根据某标准或参考系对事物进行评估的功能。

◉ 我们思考的时候使用大脑的多种功能，经常从一个功能切换到另一个功能。我们很多时候并没有意识到这种切换。

◉ 人类大脑在思考时可以调用多种意识。很多分析、合成以及评估的工作发生于潜意识或者无意识。我把这些称为“深层意识”。深层意识与记忆、直觉和创造力紧密相关。

◉ 情绪或感觉可以促进有效思考。但是负面情绪，比如多种形式的恐惧，会对思考产生不良影响。作为一名管理者，你要学会控制好自己来确保负面情绪不会滋生蔓延。

◉ 对自己思维幅度、深度和能力的了解让你更加能够了解其他人的思维，尤其是你工作中的同事。

思考不是投机取巧，不是锻炼头脑，也不是为了闪躲逃避、寻找借口。思考是一个人全神贯注、全情投入。

——戴维·赫伯特·劳伦斯

03

分　析

我有六个忠实的仆人，他们教会了我一切。

他们的名字是：

是什么、为什么、什么时候、怎么样、什么地方、谁。

——鲁德亚德·吉卜林（Rudyard Kipling）

对任何想做事的人来说，分析能力至关重要。本章进一步探讨分析能力在思维中的作用和目的。读完此章，你会对分析能力有更深刻的理解，同时，你将学会判断自己分析能力的高低。强大的分析能力对管理者来说尤为重要，它可以帮助管理者理顺自己的思维。

在一项“高层管理者需要具备什么”的调查中，来自英国大型私有企业和国有企业的120名高管根据他们的工作情况，按照重要程度，列出了25项特质。在这25项特质每一项的旁边，都有两个选项。其中，一个选项认为此特质可以通过专业学习和考试获得；另一个选项认为此特质可以通过实际工作经验获得。你可以用0—10来标记这两个选项，以表示你对这两个选项的认可程度。举个例子，如果你认为“机敏精明”这一特质主要是通过专业学习获得，你可以用9来标记“专业学习”这个选项，用0来标记“工作经验”这个选项。

检查表：高层管理者需要具备什么		
高层管理者最有价值属性排名	主要通过专业学习发展的特质	主要通过工作经验发展的特质
1. 决策能力	□	□
2. 领导力	□	□
3. 诚信正直	□	□
4. 热情	□	□
5. 想象力	□	□
6. 愿意努力工作	□	□
7. 分析能力	□	□
8. 理解他人	□	□
9. 发现机会的能力	□	□
10. 应对不利局面的能力	□	□
11. 快速适应变化的能力	□	□
12. 愿意承担风险	□	□
13. 进取心	□	□
14. 良好的口头表达能力	□	□
15. 机敏精明	□	□
16. 高效率的执行力	□	□
17. 思想开明	□	□
18. 坚守的能力	□	□
19. 愿意加班	□	□
20. 有抱负	□	□
21. 专心	□	□
22. 良好的书面表达能力	□	□
23. 好奇心	□	□
24. 对数字敏感	□	□
25. 抽象思维能力	□	□

参考本书第158页，比较一下你的答案和那些高管的答案。你会发现，分析能力很重要，在所有特质中排名第七。但是高管们认为这项特质主要不是通过工作经验得以发展的。你同意这个结论吗？

此外，参与调查的高管们非常看重未来员工在学校期间的考试成绩。考试成绩被认为是对一个人品格的检测而非智力的检测。附带说一句，考试成绩斐然并不能说明一个人智力超群，就如同早慧的人未必智商高。有调查显示，英国皇家学会成员中的很多人智商也很普通。就职业资格而言，考试成绩被认为是衡量一个人是否具备从业知识的重要标准。此调查的对照组由60名小说家和诗人组成。其中的一个成员约翰·韦恩（John Wain）对考试成绩能够反映品格这一论断做出了最强有力的阐释，他说："不管任何类型的考试，一个人能够取得好成绩就说明他很自律，能够从事棘手的工作，能够专注做事情，并且可以做到不过分关注自己。这些素质对任何一个人在任何情况下都很重要。"专业学习确实塑造了我们的分析能力，而考试成绩检验或反映了我们的这种能力。

良好分析能力的标志

你如何判定一个团队成员或者一个求职者具备良好的分析能力呢？首先，我们需要界定一下分析能力。

很多人认为分析就是简单地把事物拆解，就像孩子拆玩具一样。但事实远比这要复杂。分析不是简单的拆解，而是通过拆解寻找到你想要的东西。你要找什么取决于具体事件的性质。但总的来说，你可以做如下几件事：

◎ 确定部分与部分之间以及部分与整体之间的关系。

◎ 找到导致问题发生的原因。

◎ 确定影响重大的高利害因素，这是我们做出决定的依据（就像主审法官一样）。

◎ 发现事物或事件的内在法则。

◎ 找到经验背后的原理。

这些普遍适用的要点可以用具体领域的实例来阐释，可以参见下图。

不同领域中分析能力的运用

领 域	活 动
化 学	将化合物分解为各个元素以及它所包含的任何外来杂质
光 学	将光分解为棱柱状成分
文 学	对作品的批判性审视，将作品中的元素以简单的形式展现出来
语 法	确定组成句子的各个成分
数 学	将问题拆解，抽象为方程式来解析
哲 学	将复杂的表达解析为相对容易或更加基础的表达

分析性思维在科学研究中的作用惊人。

举个生化领域的例子。从细菌到人类，所有生命都是由细胞构成的。每个细胞的性质和任务由它的基因决定。基因就是链状的被称为DNA的化学物质，即著名的“双螺旋”结构。每条链有四种链环（事实上是四个化学基团），但是这些链环却可以按照无限种不同的序列连在一起。这些链环的精确序列指导细胞自我繁殖。直径百万分之一英寸（1英寸为2.54厘米）的病毒是最简单的生命体之一，我们可以用电脑绘制出它的链环序列图，这个分子式长达15米。若绘制出人类的链环序列图，分子式可长达1万英里（约为1.6万千米），几乎可绕地球半周。英国医学研究委员会的弗雷德里克·桑格（Frederick Sanger）博士正是因为绘制出了这些序列，破解了生命的密码，才获得了他的第二个诺贝尔奖项。

100亿个病毒，每个病毒的一个基因序列图用电脑输出打印需要4页。桑格只分析了一个病毒——Phi-X-174，将之分为5386个次级单位。在研究这个病毒的这些年中，他的分析能力大幅度提高。最开始，绘制50个次级单位花了他一年的时间。而后来，他绘制1000个次级单位只需要一天时间。

桑格试图绘制出20个氨基酸的序列，氨基酸是蛋白质胰岛素的次级单位。这是个很明智的选择。将蛋白质分解出去之后，胰岛素是个相对较小的分子。即便如此，绘制出序列这个任务仍然异常艰巨，之前的研究也仅仅绘制出了一条链上的几个点而已。

桑格只好从头做起，开发化学分析技术。识别最容易辨认的链环——链条末端的氨基酸也要花费数月。完成整个结构花费了桑格10年的时间。

单枪匹马地完成这样一个体量巨大、困难重重的研究项目需要持久的耐力。而桑格就拥有这种惊人的耐力。他自我评价道："我是个很会自我激励的人。"

桑格的故事告诉我们：对于一个思考者来说，仅依靠分析能力以及开发和使用先进分析技术的能力来取得成就是不够的。你还需要天分、运气、耐力和自我激励。

企业领导的分析能力

分析在解决问题的过程中起关键作用。在你逐渐靠近问题中心的过程中，你要通过筛选将事实与观点和推测区分开来，将问题的各个方面区分开来。这时你的大脑就像一群食人鱼，紧紧“咬住”问题，将它的外衣一层层地撕扯下来，让它的本质显现出来。

卓越的思考者有时会采用一种不太常见的分析方法。他们独立思考问题时就如同从基本原理出发思考问题一样，不需要引经据典或照搬教条。这类人的想法明快、创新、清晰。一位这种类型的思考者曾经对我说：“我花很多时间把事情搞清楚。我也返回去想那些原理，但我觉得它们太显而易见了，没人会感兴趣。”

EFFECTIVE DECISION MAKING

顾问这个职业需要从业者具备高阶的分析技能。不管哪行的顾问——医学也好，技术也好，商业也好，皆是如此。曾有一个公司在整个英国售卖铁床架。尽管采取了多种措施，公司销售额依旧在下降。所以，公司聘请了一名管理顾问来查明原因。这名顾问知道如何分析问题和收集事实，所以他收集到了和销售队伍相关的各种数据。这些数据包括销售人员数量、顾客数量、出差行程千米数、通话次数、赚取佣金金额等。他根据数据得出结论，认为苏格兰地区和威尔士地区的销售人员不如英格兰地区的销售人员有效率。因此，他建议撤换这两个地区的销售人员。但是不久之后，公司领导发现新雇佣的销售人员并不比之前的销售人员表现更好。问题本身和销售队伍的素质并没有关系。造成公司经营困难的根本原因在于市场：铁床架过时了。

上述例子中这位顾问的行为就如同医生在给病人看病时头疼医头、脚疼医脚，解决了表面的问题，却无法触及根本。

除了在问题发生的时候对问题本身进行分析，你是否会留出一些时间来分析一下你所在领域内发生的事情，并推断事情背后的基本原则呢？过多地思考这些也许会让你对日常的工作有所忽略，但偶尔想一下大有裨益。

你也许会问：为什么从基本原理出发思考问题会被认为是新奇的？因为没有人教我们去那样做。我们每天面对的都是大量的次级知识或派生知识，其中的大部分很快就会过时。我们希望和其他人能交流磋商、心灵相通，因此不太愿意只从基本原理出发去思考问题。没有人教我们如何独立思考。你也许还记得著名诗人雪莱（Shelley）的母亲在雪莱小时候讨论他未来教育时的惊恐反应。

朋友：把他送到一个有人能教会他独立思考的地方去吧。

雪莱母亲：教会他独立思考？天啊！还是教会他像别人那样思考吧。

学会问自己问题

思考包括提问题以及找到问题答案。这里说的“提问题”未必是提质疑性问题。一个真正的问题是需要能找到答案的。努力思考某件事就是不断对自己提问的过程。为了达到你想要的状态，你需要对某些事情产生疑问。这个问题可能是如何启动汽车引擎，可能是如何在一定的时间内赚到百万美元，也可能是如何学好日语。你也许会困惑该提拔谁，或者为什么某种生产工艺下制造出来的平板玻璃内部会有气泡。

最原始的问题会牵出许多分析性问题。大脑如前文提到的食人鱼一样，“咬住”一个问题，一层层“扯掉”它的外衣，如抽丝剥茧般引出一系列的问题，直至核心、本质。很多有关决策和解决问题的教科书都会列出针对此类问题很长的检查清单。但如果你已经掌握了提问的原则，这些检查清单对你来说并不是十分必要的。有的时候，把问题大声说出来或者写出来会对你有帮助。

在早期，你可以从其他人那里“借”一些问题，比如“这个问题是什么时候开始出现的”，但是，通过不断实践，你应该可以发展建构你自己的分析性问题档案，用来应对各种情况。这些问题就是你的工具。档案中的有些问题可能比其他的问题适用范围更广。回想一下那几个神奇的词语：谁、哪个、为什么（为什么不）、什么时候、什么地方、怎么样。

分析是我们头脑的基本功能，我们常将它视为是理所当然的。我们忘了这个功能也会受限制，也会变得迟钝。你应该更加重视自己的分析能力并且寻找机会发展这种能力。

逻辑学家的分析方法

逻辑学家非常关注从论述或者命题中总结出一些东西。在逻辑学中，两个或两个以上的命题加上一个结论就可以构成一个三段论。请看以下例子：

所有硬币都是圆的。（大前提）

你口袋里有一个硬币。（小前提）

你的硬币是圆的。（结论）

前提和结论之间的关系通常被称为推论。

逻辑学家喜欢使用这些看起来很琐碎的例子，并且常常强调论述之间的形式关系。但事实上，我们应该知道他们试图努力解决的是追求真理的过程中最核心的主题——一般与特殊的关系。在现实世界中，我们有时会无意识地使用三段论思考问题。

训练你的头脑形成逻辑思维可以让你更好地意识到“前提”起的作用，尤其是那些泛化的前提。你注意到上述例子中的大前提是错误的：并非所有的硬币都是圆的。因此，基于这个前提得出的论断一下子就被推翻了。

如果你的脑子中存在大量的未经证实的泛化概论，那你很有可能将它们当作前提。“不，琼斯小姐，我不能把财会部经理这个职位给你。首先，女人不会数数，她们不善于计算。其次，我还要花重金为你提供岗前培训课程，而女人在培训结束之后，马上就离职去生宝宝了。我想你肯定会去平等机会委员会告发我吧，所有恶毒的女人都是这样干的。但委员会的那些人不会认为我是有偏见的。我思想开放并以此为傲。”

因此，推理或论证中出现的问题通常可以追溯到谬误的前提或者谬误的逻辑步骤。很多时候推理过程是合理的，而前提才是我们该检视的。

在结束形式逻辑学这个话题之前，管理者还要继续学习两课：第一课学习逻辑学家分析论证的方法（参加下面的“片鱼法”）；第二课学习归纳推理和演绎推理。它们是思考问题的两个方向。

“片鱼法”

一个好的鱼贩可以在几秒钟内“片”好一条鱼，让你看到鱼的骨骼。这对思考者来说值得借鉴。逻辑学家可以把论证一点点地“片开”，保留其“骨架”，使之成为简单的代数形式。这样就可以更加容易发现错误。

> 如果琼斯是一个优秀的经理，他就会晋升进入理事会。
>
> 他已经被晋升为理事了。
>
> 所以，琼斯是一个优秀的经理。

这种谬误的论证方式可以用如下的形式表现：

> 如果A，那么B。
>
> B。
>
> 因此A。

当时，琼斯很有可能确实是一个优秀的经理。但这个结论不能由上述论证推导出来。如果我们知道琼斯是一个很优秀的经理，那也是基于其他理由。

逻辑推理主要涉及哪些结论可以被合理地总结或推断出来，哪些结论不可以被合理地总结或推断出来。它可以被称为“连续性思考”，因为它是一种逐步、进阶式的思考。当你刚刚开始一步步地思考时，最后一步并不明朗。代数或者数学的方法在本质上都是逻辑学范畴的，用字母或数字代替文字。

逻辑学领域还有两个术语值得一提：演绎推理和归纳推理，也可以叫演绎法和归纳法。它们都是做出推论的方法。演绎指的是从一个一般命题得出某个特定推论；归纳与之相反，指的是通过一定数量的特定实例，生成一个概论。后者曾被认为是科学研究方法的核心。各领域的科学研究已给我们提供了很多归纳法的例子，现在，我们来看一个演绎法的例子。如果我们说“所有的销售人员都喜欢开快车。弗雷德不喜欢开快车，所以他不是一名销售人员”，这个结论很显然是无效的。下面，我们再看一个三段论，它体现了正确的演绎：“所有普通股东都有权在周年大会上投票。所有的理事都是普通股东。因此，所有的理事都有权在周年大会上投票。”

路易斯·卡罗尔提供了很多演绎逻辑的精妙例子。其中有一个是这样的：“没有人能够读懂《泰晤士报》，除非这个人受过良好教育。没有一只刺猬会阅读。不会阅读说明没有接受过良好教育。因此，没有一只刺猬能够读懂《泰晤士报》。”

与演绎逻辑相反的归纳逻辑可以用于市场试销这样的领域。新产品或改良产品先在小范围内市场出售，用以测试该产品是否具备“客户吸引力”。归纳逻辑的推理过程是这样的：新产品在东北区和西南区销量良好，所以它在全国肯定也会销量良好。

这种逻辑还可用于产品研发、意见调查、市场调查以及世界范围内各种实验室和研究室中的工作，目的在于通过研究某组群的小样本，预测该组群内全部样本的行为特征。

总的来说，从信息或者证据出发得出恰当的结论这种逻辑思维能力对任何职业来说都至关重要，无论是汽车修理师还是警探。这种能力也是作为一名管理者必不可少的。你有这种能力吗？

练习2—6：你的逻辑思维能力怎么样?

你在前面已经尝试使用过逻辑思维了（第4页）。有了这种尝试的经历再加上本章学习的知识，你应该可以轻松做出以下练习。答案可以参见第159页，建议你使用10—15分钟完成下列练习。

2. 卡彭特[1]先生、梅森[2]先生和佩因特[3]先生是好朋友。他们三个人职业不同。很巧的是：他们三个一个是木匠、一个是泥瓦匠、一个是油漆匠。但是他们的姓氏未必对应他们的职业。

如果以下四个论述中只有一个是正确的，你能弄清楚这几个人谁是做什么的吗？

卡彭特先生不是油漆工。

梅森先生不是木工。

卡彭特先生是木工。

梅森先生不是油漆工。

3. 一位逻辑学家到了一个小镇，正好有些时间可以消磨。他决定去剪个头发。镇上只有两位理发师，每个人开着一个理发店。逻辑学家看了一眼其中的一家店，发现里面非常不整洁，理发师满脸胡茬、衣冠不

---

1 Carpenter在英文中可以是一个姓氏，译为“卡彭特”；同时，这个单词还有“木匠”的含义。

2 Mason在英文中可以是一个姓氏，译为“梅森”；同时，这个单词还有“泥瓦匠”的含义。

3 Painter在英文中可以是一个姓氏，译为“佩因特”；同时，这个单词还有“油漆匠”的含义。

整，他自己的头发也没修剪好。另一家店则非常整洁，理发师刮好了胡子，穿着一尘不染的衣服。逻辑学家看了之后，返回到第一家店去理发了。为什么？

4.“我保证，”宠物店店员说，“这只鹦鹉可以复述它听到的每一个字。”一位顾客买了鹦鹉，却发现它一个字也不会说。然而，店员确实没有撒谎。你怎么解释？

5.在某个非洲的村庄里，住着800个女人。她们中3%的人戴着一只耳环。在剩下97%的人中，一半戴着两只耳环，一半什么都没戴。这些女人一共戴着多少只耳环？

6.两辆火车距离100英里（约为160千米）。它们正在朝着对方行驶，一辆的速度是每小时40英里，另一辆的速度是每小时60英里。一架飞机以每小时80英里的速度在两辆火车之间来回穿行。在两辆火车相遇之前，飞机一共飞了多少距离？

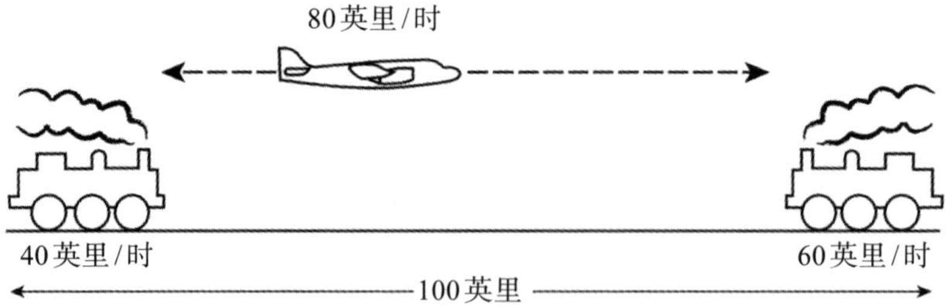

逆向思维

通常情况下，我们想达到的目标很明确，问题在于如何达到。运用你的想象力来设想一下你希望达到的状态，然后使用逻辑推理的方法逆向地一步步地思考你该怎么到达这个状态。将还未发生的事情想象成已经完成，这是对未来预测的技能。接下来我先给出一个具体问题来检测一下你的这种技能，然后我会解释一下如何解决问题。当你掌握了基本原则之后，试着解决一下“想一想1”中的类似问题。

问题

两个小女孩和一个成年女人想划船去一个小岛。她们的船只能装下两个小女孩或者一个成年女人。如果这三个人都会划船，她们怎么以最少的航程全部到达小岛？

解答

想象一下最后要达成的结果。船第一次到达小岛时，要有人再把船开回来。所以必须是两个小女孩先划船到小岛，一个留在小岛上，另一个把船开回来。接下来，问题的解决就需要你记录每个人在特定时间的位置。

现在来检测一下你的技能。

想一想1

玛莎需要将她的两个婴儿萨拉和罗杰，还有家里的宠物猫都抱到汽车上去。因为玛莎有一条手臂骨折，所以她一次只能抱一个婴儿或者一只猫。

不幸的是，两个婴儿又都不能单独和猫待在一起。萨拉会抓猫尾巴，造成很大的破坏；猫会把毛掉在罗杰的棕色衣服上。玛莎如何以最短的行程将两个婴儿和猫都放到车上呢？

答案参见第160页。

组织信息

将获得的信息重新排列组合需要使用逻辑的方法。杂乱无章的信息需要被：

◎ 拆分为各个部分。
◎ 重排或重构。

问题的解决方法也许就隐藏在这当中。

当你做前面第14页的练习时，你需要画出一些图表或者模型。你也许会发现“动笔”画出来也是一种思考方式，是一种很重要的辅助策略。下面，我再向你提出一个问题，通过我的解释，我们来看一下对信息的组织整理如何帮助我们解决问题。当你掌握了基本原则之后，试着解决“想一想2”中的问题。

问题

安妮、希瑟和特蕾莎住在相互的隔壁。希瑟的公寓在中间。她们的职业分别是化学家、电台播音员和医生。但是我们不知道她们三个谁是化学家，谁是电台播音员，谁是医生。特蕾莎外出度假时，电台播音员帮她遛狗。安妮家的音响太吵时，化学家会敲安妮家的墙。这三个女人的职业分别是什么？

解答

以一种系统的方式将已知信息分类。做一个表格，列出所有的选项。

寻找线索，逐个排除选项。如果电台播音员给特蕾莎遛狗，那么特蕾莎肯定不是电台播音员。化学家敲安妮家的墙，说明安妮肯定不是化学家。把不可能的选项全部划去。

然后再找一些不太明显的线索和隐含意义。既然化学家不是安妮，那化学家一定是希瑟或者特蕾莎。但是特蕾莎不能敲安妮家的墙，因为希瑟的公寓在中间，所以，希瑟一定是化学家。特蕾莎既不是电台播音员也不是化学家，所以只能是医生。那么安妮就是电台播音员了。

现在来检测一下你的技能。

想一想2

在一架去往伦敦的飞机上，5名乘客坐在一排，互相挨着。他们的职业分别是：记者、歌手、教师、海军舰长、工程师。他们的国籍分别是：英国、法国、德国、意大利、荷兰。他们的年龄分别是：21岁、24岁、32岁、40岁、52岁。这些乘客参加不同的体育锻炼：手球、游泳、排球、田径、足球。他们在英国的目的地分别是：伦敦、伯明翰、曼彻斯特、纽卡斯尔、普利茅斯。

1. 工程师坐在最左边。
2. 打排球的坐在中间。
3. 英国人是个记者。
4. 歌手21岁。
5. 教师参与的运动是游泳。
6. 海军舰长的目的地是普利茅斯。
7. 打手球的是法国人。
8. 从荷兰来的乘客打算前往伯明翰。
9. 准备前往伦敦的乘客32岁。

10. 从事田径运动的乘客打算前往纽卡斯尔。

11. 从法国来的乘客挨着德国人坐。

12. 40岁乘客邻座的乘客准备前往曼彻斯特。

13. 24岁乘客邻座的乘客准备前往伯明翰。

14. 工程师坐在意大利人的旁边。

15. 最右边的乘客比荷兰的乘客年龄大。

a）海军舰长多大年龄？

b）参加足球运动的乘客是哪国人？

（规定完成时间：20分钟）

答案参见第160页。

事件的内在逻辑

大部分需要解答或决策的事件都有自己的内在逻辑。这里说的逻辑虽然和哲学家所说的逻辑有一定的关系，但是本质上是完全不同的。这种逻辑更容易被领导和管理者识别。

这个意义上的逻辑指的是当你将某事件的所有因素合计之后所产生的不可避免的或可以预测的结果。如果你以每小时100英里的速度驾车撞了一辆以相同速度行驶的汽车，这个事件的内在逻辑就是你要么丧命、要么重伤。

事件的内在逻辑有时会让我们强行通过某项决定，罔顾自己和他人的意向。比如，战争的内部逻辑也许会迫使一名将军做出烧掉或者炮轰一座城池的决定。

因为这个意义上的逻辑能够被用于证明某些特定行动的合法性，所以对于此类论证的严格审查尤为重要。自然法则的内在逻辑，比如地心引力或者运动，和经济、社会以及心理法则等领域的内在逻辑有所不同。你需要区分反映因果关系的不同实证观察。这会让你了解事件的内在逻辑，让你能根据一般状况的相关理论来进行推理。这又是一种不同的、更偏学术领域的逻辑。

总结一下，逻辑思维只是高效思维的一小部分。它隶属于分析性功能这个类属，是这个类属的一个主要分支。数理科学和自然科学常常要使用到这种思维。但是，作为一名管理者，你有时也需要逻辑思维，可能是演绎推理，也可能是归纳推理。你需要从问题或事件中得出恰当的、合乎逻辑的结论，要学会有逻辑地、一步步地推理。逻辑思维是通往真理的重要路线。

指示牌

读到这里，你有权做一个选择了。你可以再做一个有关分析思维和逻辑思维的练习。或者，你可以继续读第4章。如果你在做前面的“想一想”练习时，用时超过了规定时间10分钟或以上，我建议你选第一个方案。

练习7：失踪的太空火箭

这个练习检测你抛开旁枝末节、直切问题中心的能力。哪些是关键信息，哪些不是？你要决定主次先后。哪些重要，哪些不重要？换句话说，你要分析问题，然后决定该如何去处理。

将你解决此问题的计划写在纸上，给出你的理由。然后再翻到第162页参考我的答案。限时30分钟。

联合国各机构中有诸多青年团队，你是这些团队的年轻主管中的一员。你打算远赴埃塞俄比亚的某个偏远地区修建一所学校，为此你已经找到了资金支持。你将乘货船到达那里。你打算使用一部分年假来完成此次远征。从开普敦离港出发几日之后，恶劣天气终于好转。一日，你正悠闲地于甲板散步之时，发现船突然改变航向。你立刻被召集到船长室。在那里，船长、无线电话务员和你的7位同事正在等着你。船长向你们传达了如下信息：

“女士们，先生们！我的无线电话务员刚刚告诉我，他接收到来自肯尼迪角官方发来的闪光信号，要求我们立即援助。在你们问任何问题之前，我先声明，对方发出的援助要求得到了联合国特别行动组的批准。现在，我给大家讲一下细节。

“不久前，肯尼亚联合国航天局研究中心发射了一枚新型秘密火箭，火箭带有联合国用于全球变暖研究的特殊鼻锥。最初，火箭运行良好，之后开始偏航。发射方曾试图通过无线电信号让火箭自毁，却没有成功。火箭继续在新的航线上航行。专家们对此情况非常困惑，推测有可能火箭已经被他方力量控制。鉴于火箭发射方并没有其他的控制中心，因此火箭很可能是被某不友好国家修改了航线。这个不友好的国家很可能动用了高空飞机或潜水艇，利用飞机或潜水艇携带的装置修改了火箭的航线。不管是哪种可能，其结果是现在火箭已经着陆，却不是在规定的目的地着陆。

“火箭发出的持续信号让专家们能够确定它的大体方位。并且，根据载油量，专家判定火箭降落于一个无人居住的小岛，小岛距离我们现在的位置70海里。航海图显示此岛非常之小，形状如同一只脚，脚尖指向西部。小岛有岩石构成的海岸线。小岛上的某些地方有绵延十余千米的沙丘和礁石。而在小岛的东北部海岸，有高达500米的悬崖和高地。

“现在我们来说重点。请大家在明天上午9点之前找到火箭上的鼻锥，并不惜一切代价保证它的安全。联合国安保专员会在9点钟到达并接管火箭有关事宜。鼻锥高约3米，底部直径约1米。鼻锥是黄色的，上面有两块1平方米大小的荧光色方片。鼻锥没有辐射。

“我已经修改了航线，现在我们的船正全速朝小岛行进，预计6小时之后可到达小岛。先生们，接下来的事情就交给你们了。”

之后，船长又解答了一些问题：

“我可以给你们提供两条不带引擎的小船。每条船可以承载6个人、3箱货物。我们有充足的船桨，但是根据现在的海上情况，小船的行驶速度不会超过每小时2英里。能达到这个速度并非易事。游泳在接下来的36个小时内完全不现实，即使游泳好手来也无法做到。我们的食品和衣物补给充分。我们的装备还有指南针、厨具以及手电；但是我们只有8节手电电池，每节电池的电力可维持3个小时。如遇糟糕天气，我唯一可以提供给你们的只有几个帐篷。这些帐篷都是老式帐篷并且比较重，但是状况良好并且绝对防水。在船上的军械库中，你们可以拿走一把信号枪、若干猎枪和充足的子弹。

“这里有一张地图草图，你们可以带在身上，希望它能有用。如你们所知，等高线是以海拔特定高度的垂直间隔画的，在这幅图中，等高线的垂直间隔是250英尺（76.2米）。岛上有火山岩，并且由于凹凸不平的地表，在岛上行进是一件困难的事情。岛上的南海岸相对好走，因为那里的地表比较平坦。”

你和其他7名主管离开船舱，去餐厅研究、讨论行动方案。半小时之后，船长加入了你们，传达了他新接收到的一些信息：

“目前发现一艘位于小岛南部、正向北移的不明潜水艇。这艘潜水艇很可能属于此次控制火箭、企图盗取全球变暖研究成果并以此谋利的不友好国家。潜水艇在被发现之后立刻潜入了海底。但是，如果它继续当前的航程，应该可以在日落之前到达小岛。小岛海岸边已知有3个区域可以供船只登岸。在这3个可登岸的区域中，有一个区域有通道可以让潜水艇停靠在距离海滩400米的地方。这个区域在东北海岸。在其他区域，潜水艇只能停靠在海滩3000米以外。

“接下来，联合国总部的专家通过定位鼻锥所在区域、重新计算，还得出了以下数据：鼻锥位于小岛的东南区域，海拔100—200米；在海岸以内2000米内陆一个朝西的斜坡上。他们很抱歉未能获得更多信息，但是可以保证已知信息的准确性。可能的降落区域将在地图草图上被标出并命名。你们并不是唯一在找寻鼻锥的人，你们必须不惜一切保护好鼻锥。

“从‘脚跟’区域靠岸的话，进入小岛内陆的唯一办法就是攀爬200米高的悬崖。这有一定风险，但是可以完成。船上有一些绳索，但是除此以外没有其他的攀爬工具了。预计你们可以用一小时的时间爬过悬崖。鼻锥并没有在降落的过程中破碎。我想说的就是这些。还有其他问题吗？如果没有问题，接下来就看大家的了。祝你们好运！还有一点，当你们离开船之后，我要奉命驾船向西北方向行驶。现在的时间是上午9点。大家还有问题吗？”

你们在讨论的过程中还发现了如下几点：

所有的时间都是格林尼治标准时间。

虽然和他的受训内容及个人习惯不符，船长还是好心地将所有的速度都转换成以每小时的千米数计算。

你们所经历的糟糕天气是由春季大风造成的。但是现在的天气已经开始放晴。尽管夜晚很冷，但是能见度很好。

月亮处于下弦月状态。太阳早上7点钟升起，傍晚6点45分落下。

可靠岸区域已经在地图草图上被标出。船可以把你放在距离“脚尖”区域2英里的地方或者距离“脚跟”区域0.5英里的地方或者距离“足弓”区域7英里的地方。

沿南海岸行进的路途较为平坦，运气好的话，你们的行进速度可达平均每小时4英里。在岛上其他地方行进的速度大约可达每小时3英里。

假如你可以在上午10点之前制订出计划并通知船长，他可以在下午2点之前将你送到靠岸区域的任何位置，之后，可以在下午3点半之前到达另一个位置。

根据型号判断，已发现的潜水艇仅可装配一条小的、可载6人的登陆艇。

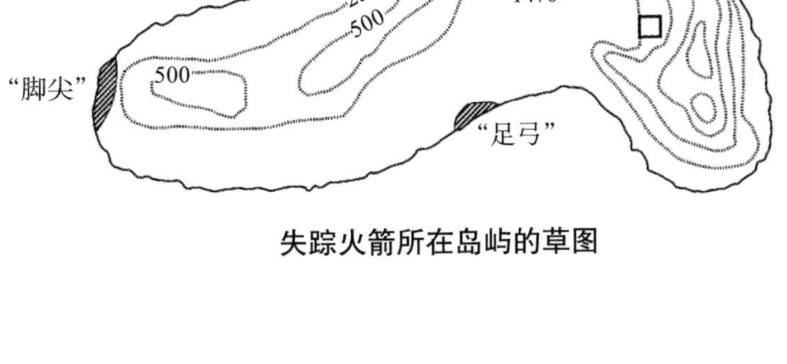

失踪火箭所在岛屿的草图

分析能力的关键点

◉ 想要提高你的决策能力，你需要成为一个思路清晰的人。在你见过的人当中，你能找出三个以思路清晰而著称的人吗？

◉ 想要成为一个思路清晰的人，你要对抗头脑中那些草率的、无结果的、模糊的、困惑的、有疑问的、糊涂的、不清晰的、晦涩的、莫名其妙的想法。要做的可真不少！

◉ 好的分析能力和清晰的思路密切相关。你要学会将复杂的问题简化，找到其本质。

◉ 你需要独自思考的能力，学会从基本原理出发思考问题。这需要你在自信与谦逊之间找到一个平衡点。要对自己的智力有信心，同时又要警惕过度自满与傲慢。

◉ 提问对于理顺思路至关重要。有的时候，问对问题比一切都重要。

◉ 警惕过度分析。如果要做出某个决定，你要确定决策的最佳时间。过度分析问题、迟迟不做决定与不充分思考就贸然做出决定同样糟糕。

对每一步都思考太多的人永远也迈不出第一步。

——中国谚语

04

整体思维

最有创意的人是最善于博采众家之长的人。

——日本谚语

在第一章我们讲过，大脑的第二大类属功能是合成器功能。从字面意思理解，“合成”是“分析”的反义词。但是我对这个术语持保留意见。我会想到“合成橡胶”或者“合成染料”这样的词。这些词让“合成”这个词有了“人造”的言外之意。此外，顶级的分析家——逻辑学家们，也借用这个词来表示演绎推理。他们还用这个词来表示正反题辩证结合之后产生的高阶真理（马克思从黑格尔那里借用的关键思想）。事实上，“合成”这个词的用法很广泛。本质上，它指的是部分或者零件结合成为一个整体。“合成家”和“分析家”的思维方式不同。

还有一个词可以用来描述这种“神秘的”思维——“整体”（holistic）。1927年，英国陆军元帅扬·斯穆茨（Jan Smuts），出版了名为《整体论与进化论》（*Holism and Evoluton*）的著作。这名元帅同时还是一位敏锐的科学家、一位战士、一位政治家。在这部著作中，他创造了“整体论”（holism）这个词，用来描述梳理各个部分形成整体这种自然界的倾向。斯穆茨在书中提到，自然的固有本性就是这些不能削减的整体。它们无法做到在不损失整体质量的前提下被分解为部分。他创造的新词——整体论和整体，现在已经被收入我们的语言。

任何负责企事业常务的人，不管他们的头衔是董事长、总经理、总裁还是常务董事，都应该具有整体观。事实上，整体思维对于任何领域的战略决策都十分关键。

我特意用了“神秘的”（mysterious）这个形容词来描述整体思维，是因为我们无法对“整体性”深入分析。如果我们可以，它就不再是大脑三大类属功能中独立的一个类属，而是应该属于“分析功能”这一强大的类属。虽然我们无法深入了解“整体性”这个概念，但是我们可以了解一些它的外围，确定它的一两个明显特征。我们应该知道的是，分析性思维和整体思维之间存在着潜在的紧张对峙甚至斗争。在后面的论述中，我会给你举两个例子。

整体观

整体思维这个头脑功能还可以用另一个词来表示——“系统”。我们的周围充满系统。系统是由互相作用的各部分组成的一个整体，而这个整体在某种程度上又超越了各部分单纯的累加。

我们可以看一下烛火。为什么蜡烛在燃烧的时候，火焰的形状和大小一直都不怎么改变。在这种情况下，“部分”就是蒸发的蜡流、氧气流和燃烧气体流。燃烧和扩散的过程让这些“流”之间相互作用，这种相互作用让我们看到了火焰相对稳定的形状和大小。

绳子的强度是另一个可以说明整体性质的例子。绳子的强度是各股线之间扭转产生的相互作用决定的。如果没有这种扭转，绳子的强度就是由最弱的那股线决定的。有了这种扭转，绳子的强度就会增加。

有整体思维意识的人以一种特殊的方式看待人、事和世界本身。他们不急于将事物拆解而是等待看到事物的整体。换句话说，他们想见“树林”而非“树木”。他们在考虑问题时，给予整体和部分同样的权重，在某种程度上不愿将问题拆解。如果一个讨厌的男学生将一只苍蝇的腿和翅膀全部拔掉，那剩下的就是一只死苍蝇：部分还在，但是“整体”没了。

像爱因斯坦这样伟大的思想家们用实例阐释了这种寻求简洁或者整体的思维的力量。量子物理学创始人之一——维尔纳·海森堡（Werner Heisenberg）曾经对爱因斯坦提起过这种“大自然突然呈现在我们面前的令人生畏的简洁性与整体性”。随着大自然的秘密被不断探索揭开，这种“简洁”、“整体”与“美”不断地通过数学公式或细致的实验显现出来。这样的“简洁”与“整体”是否真的存在？它是否是人类整体思维的一个投射？这些都是我们后面要解决的重要问题。

整体研究取向

整体思考者更喜欢处理整体。他们不喜欢过多分析，认为没有必要将人或物拆解为部分以了解其构成。他们认为整体不仅仅是部分的单纯叠加。因此，潜在的整体论者似乎对那些过于强调分析的学术研究方法并不感兴趣甚至持敌对态度。

举个例子，心理学曾经一度成为一个过分讲求分析的学科。大约在20世纪初期，自然科学的分析研究范式开始在这个学科的研究中盛行。当时的研究者将所有的人类体验拆解为感官元素。之后，整体论者开始反击，出现了格式塔心理学学派。该学派的创立基于以下原则：

◎ 直观地理解行为的整体意义比精确但机械的解释更可取。

◎ 我们应该试着理解事件之间的关系，而不仅仅是事件本身。

◎ 任何事件都不是孤立发生的，而是仅在赋予其重要性的情境或者场域中发生的。

你可以从上述叙述中看到整体思维的倾向。因为格式塔心理学家强调将情境视为一个整体，而不是将情境视为几个孤立的元素或感官。“格式塔”是德文“Gestalt”一词的音译，意思为“形式”“形状”，可以指相互影响的各部分所构成的有机整体。动听的旋律远不是孤立音符的叠加。

格式塔学派被认为是反对分析的。事实上，这个学派并不是反对所有种类的分析。这个学派的成员理智地认为分析的程度要和实际情况的本质所匹配。

一个更现代的例子是医学领域的整体论运动。这场运动基于以下原则：

◎ 身心是一个整体，并且应该被视作一个整体去对待。在医学中，我们尤其要认真对待人类的想象力和潜意识。

◎ 自然治愈，我们帮忙。因此，整体医学着眼于古老和无意识的力量，这些力量对我们与自然的统一至关重要。

◎ 对一个人有用的东西未必对另一个人有用。医学应该是整体的——与人的遗传、个性、环境和生活方式有关。

随着整体医学变得日益唯物，以及专业细化导致人们对症状而非人的过多关注，以上这些“另类医学”背后的原则显得非常有道理，尽管这些原则的应用还需要实践与经验。

对于问题的整体考虑

那些不能对问题进行整体考虑的人们常常用狭隘的眼光来看待问题。他们经常以单一的学科或功能视角来阐释问题。比如，有人认为某个现象仅仅是一个“销售问题”；而另一个人面对同一个现象，则认为它仅仅是一个“生产问题”。这样的人仅仅看到了整体的一小部分，而没有看到整体。请看下面的故事。

EFFECTIVE DECISION MAKING

近几年来，某小型软饮料公司一直通过不断增加新的产品口味来追求大规模的市场扩张。董事长对结果很满意。自此策略实行之后，产品的销售量大幅度提高。销售人员看到他们的佣金上涨，也非常开心。这种增长方式唯一明显的限制在于要开发符合大众期待的新口味并非易事。为此，公司专门成立了一个小型实验室来研究这个问题。

另一个更直接的、令人担忧的问题也出现了。生产部门发现很难将成本控制在预期水平。简而言之，随着总产量的上升，生产率在下降。董事长要求生产经理来解决这个问题。

生产率被定义为“每位员工每小时的产量”。生产经理发现，车间内工时的增速远高于总产量的增速。所以，第一步，他推出了一个生产力奖励计划。这个计划收效甚微。几个月后，工会代表开始抱怨，努力工作也换不来真正的实惠。

接下来，生产经理又想出重新安排工作流程的办法。生产率提高了，但是幅度不大。安装高速自动装瓶机器似乎也不能解决问题。不久之后，生产率又开始下降。这次，生产经理意识到问题的症结在于每次有新口味推出的时候，车间工人都要暂停生产线，对之进行全面清洁。因为许多口味的饮料都是小批量生产，因此，生产线停工的时间实际上比工作的时间还要长。研发越多的口味，用来生产的时间就越少。

生产经理做出了一个决定：他宣布他将以四周作为一个周期制订生产计划，每种口味一个月仅生产一次。为有效实行这个计划，销售人员需要预测每种口味在下个月的需求情况。这是销售人员不太情愿做的一件事情，因此这个计划在董事长的干预下才得以执行。计划实行之后，结果非常理想。但是不久之后，公司开始出现资金短缺的问题。过量生产的大批软饮料堆积在仓库，几周都无法销出。

最后，董事长召集所有的高层开会来讨论这个问题。在会上，会计建议公司停止售卖10种最不受欢迎的口味的产品。如果这样做的话，车间节省的总时间，换算成为金钱之后，超过了收入的损失。不售卖这10种口味的饮料，公司的财务状况会更好。这个问题不是一个生产问题，不是市场问题，也不是库存控制的问题，更不是劳资关系或资本投资的问题。它是一个综合管理的问题，将这个问题拆解为一个个的小问题是有误导性的，只有整体看待问题才能让管理者采取正确的解决方法。

自然与成长

自然、整体和成长都是整体性思维的关键概念。合成远不是一种人造或者人工活动，它是一种关键的自然过程。将整体拆解为部分是后续一系列合成活动的前奏，就如同你花园中老树树干的腐烂分解是为了后续的成长与新生。当我们有意识地去合成，将各个元素组合在一起使它们成为化合物的时候，我们仅仅是在青涩地模仿自然界时时刻刻都在发生的过程。因为我们也是自然界的一部分，成长的自然过程也发生于我们的头脑和我们的身体。思想可以像种下的一颗种子，不断成长、发展。

思想会成长的观念对于整体思考者很重要，这种观念让他们不愿意受限于自己或他人早期分析得出的想法。刚刚出生的婴儿是一个整体，他还会成长。但在他生命的早期，他需要有人保护他，为他遮风挡雨。

整体思考者另外一个明显特征是他们在理解问题的时候，大量地使用“故事叙事法”。他们想知道问题是如何产生、如何发展的。

整体思维不仅是管理者所需要的，也是艺术家、医生、科学家所需要的。能够将组织、团队、机会和问题视为一个整体去考虑问题的能力是至关重要的。如果你善于使用这种思维，你甚至可以高屋建瓴地整体看待一张预算表或者一份资产负债单。

你认为自己是一个整体思考者吗？通过加强对这种思维重要性的认识并刻意避免过度分析，你可以发展这种思维。在你的头脑中，想象事物的整体。

指示牌

这里之后，你可以选择不同路线。第5章的主题是想象力，是整体思维“家族”的“远房亲戚”。第7章的主题是直觉，是深层意识层面的整体思维。

在第11章，在创造性思维的讨论中，整体思维这个主题还会被提到。尽管有的时候“整体”和“合成”这两个词并不出现，我们还是要注意到考虑问题时的这种整体视角。

整体思维关键点

◉ 分析思维和整体思维是相反的两个概念。前者将整体分解为部分。对于无生物而言，这种思维很有效；对于生物而言，有时并非如此。正如威廉·华兹华斯（William Wordsworth）所说，“这就如同我们杀人是为了解剖”。

◉ 整体思维对于高效思考者来说是一个关键技能。我们不但要看见“树木”，更要看见“树林”。我们要认识到整体不仅仅是部分的单纯累加。

◉ 那些看人很准的人都具备整体性思维。人们的性格多面，有优点也有缺点。对一个人特性的心理分析并不能让你真正了解这个人。你面对的是一个完整的人。

◉ 婴儿是个整体，他会成长。我认为整体思维和成长这个概念紧密相连。整体思考者帮助个体和团队、组织和社区甚至国家充分成长，发挥最大的潜力。

◉ 你是整体思考者吗？这里有一个简单的测试。如果你试图理解一个复杂的社会问题，你是希望有人帮你拆解分析这个问题，还是希望了解问题产生和发展的全过程？整体思考者希望看到问题背后的故事。

“不受禁锢的头脑”是开放的，可以看到很多可能性；是谦逊的，可以从任何人或事中学到东西；是敏锐的，可以洞悉事物的真实面貌；是明智的，可以判断事物的真实价值。

——松下小松[1]（Komusuke Matsushita）

1　此处为音译。

05

想象思维

人人皆有历史可凭依，
以此为据观察过往的是是非非，
可准确料知未来大势，
结果已孕育在胚芽里，
时间催生，
必然结局。
——选自《亨利四世》(*Henry IV*)，莎士比亚著

成功的董事长将想象力列为他们最看重的特质之一。什么是想象力，它又如何助力商业成功呢？本章试着回答这些问题，助力你发展自己的想象能力。

《柳林风声》(*The Wind in the Willows*)的作者肯尼思·格雷厄姆(Kenneth Grahame)曾写道：“一般来说，成年人在事实性的问题上都相当正确。他们缺少的是想象力这种更高级的天赋。”

想象力可以归于合成功能这个类属。分析家和评论家都未必具有想象力，但是合成法使用者通常是有想象力的。

想象力和整体思维之间必定存在着某种亲缘关系。举个例子，世界上最伟大的音乐家之一莫扎特曾这样描述作曲过程中的关键阶段：

细小琐碎的音符和旋律开始在我脑海中集合。然后，我的“灵魂”开始预热，逐渐进入工作状态。这些音符和旋律开始变得越来越多，在我脑海中逐渐延展、清晰起来。最后，一首曲子在我头脑中几乎完成了。即使曲子很长，在我脑海中它仍然是一个整体。每当我想起它，它都是完整的，就像一幅美丽的画或是一个英俊的人。在我的想象中，它不是一点一点地谱写出来的，而是灵光一现的整体，即便我之后还需要将它一个音符接一个音符地写出来。它就像难得的盛宴。所有的创作在我头脑中进行，就像一个美丽而真实的梦一样。我最享受的就是能在脑海中把它一次听完。

从这段话中我们可以看出整体和想象之间的亲缘关系。

很多富有想象力的思想者能够在他们的头脑中立体地将事物想象出来。比如，诺贝尔奖获得者劳伦斯·布拉格（Lawrence Bragg）爵士借助这种能力开创了X射线晶体学。尼古拉·特斯拉（Nikola Tesla）是一位非常多产的技术创新者，他发明了荧光灯、交流发电机、“特斯拉”线圈。他非常明显地具有超凡的将事物形象化的能力。根据他的传记，特斯拉“能够在他的眼前投射出一台机器的完整图片，图片上包含机器的每个细节、每个零件，这些图比任何蓝图都更加生动”。此外，特斯拉自称可以在脑海中检测他的设备，可以让这些设备在想象中运行好几周，这之后，他可以在脑海中对设备进行彻底的检查，发现设备的磨损。

图像思维

我们的头脑有一个基本的视觉功能：我们不仅用眼睛看，当我们闭上眼睛时，我们的所见还会在头脑中出现。

以上是想象力的一个极点。想象力还有一个极点。正如上文中我们引用的莫扎特的话，“每当我想起它，它都是完整的，就像一幅美丽的画或是一个英俊的人”。他在头脑中的所想所见，是以前从来没有出现过的。想象力对他而言，是创作和发明的先锋。这就是我们所说的想象力的另外一个极点。但是，这种能力还涉及其他的方面。

下面的表格——“头脑的想象能力”，显示了想象能力的非凡范围，从记忆功能到创造性想象。“空想”是一种类似头脑风暴的练习，管理学课程中经常会使用到这个练习。

回答下面提出的问题并反思一下你是否能够在头脑中建构彩色的、三维的画面。你的想象是否有活力和生命力，它能让你摆脱现实的束缚吗？

头脑的想象能力

名　称	具体描述
回　忆	想起此时此刻不在你感官体验范围之内的事物，比如你的房子或者车子
形象化	构建完全没有经历过的事情，比如想象你在月球上行走
创　造	构建现在不存在的事物，比如一个新产品
预　测	在某事成为现实之前，预测到它的发展或者结果
空　想	通过天马行空地改变或者重组现实中的各个元素，幻想出新奇、不现实的事物

你的想象力有多丰富?	
在每个方框中填写“是”或“否”。	
1.你能准确地回忆起来吗?回忆一下你的上个假期，看看你能记起多少细节。	☐
2.对于自己没有直接经历过的事情你能想象出来吗?举个例子，如果你现在变性了，会是什么样?如果你现在是总理，会是怎样?如果你现在变成自己的秘书，会是什么样?	☐
3.在过去的一年中，是否有人夸赞过你富有想象力?	☐
4.最近在工作或者生活中，你是否有运用想象力完成的发明创造?	☐
5.你能准确地在事情发生前对它做出预测吗?	☐
6.你会时常幻想你的工作或者职业吗?	☐
7.你会画画吗?	☐
8.如果你要重新装修你的房间，你可以不费力地从配色方案中做出选择吗?	☐
9.你善于给婴儿、宠物或者房子起名字吗?	☐
10.你写过故事或者诗歌吗?	☐

运用你的想象力1

1.想象一下，你在独自攀爬珠穆朗玛峰，没有携带氧气瓶。你离顶峰还有1000米。

a）坐下来，给自己做一顿饭。动用你的5个感官来在头脑中开始想象。

b）你现在已经接近顶峰。你能看到什么？你在摸什么？你感觉如何？你看到什么颜色？

c）你现在到了顶峰。你随身带着相机，把相机架在石头上，往后站。想象一下你会拍到些什么，要有细节。在头脑中建构出三维图像。

2.在北美的丛林中，人们发现了一种新的生物。它可以替代狗和猫成为最受人们欢迎的宠物。用200个字简单描述一下它并画一幅图。给它起个名字。

3.莫文斯托是英国康沃尔北部海岸的一个小村庄。拿破仑战争期间的某个周日傍晚，牧师正在村庄的教堂做晚祷。外面狂风暴雨。突然，教堂会众听到一声巨大的碰撞声。一艘船触礁了。所有人冲出教堂。牧师带领他们急匆匆地沿着陡峭的小路走到海湾。在黄昏中，他们看到了一艘三桅帆船的残骸散落在海滩上。显然，只有一个幸存者，他躺在沙滩上不省人事。他皮肤黝黑，穿着船长的制服。但是，当人们把他翻过来时，牧师的脸上露出了惊恐的表情……

现在，请你继续讲这个故事。

让你创造一个故事，你也许会觉得很新奇。但事实上，作家的想象力和商人的想象力之间是有共通之处的。两者的想象力都是由一颗颗小种子慢慢生根发芽的。所以，不要认为上面的这些练习和管理无关而不去尝试。

思考与想象

强调图像层面的想象力很有必要。但是，超过某个限度之后，在更广泛的意义上，我们最好还是使用文字。托尔斯泰的《战争与和平》没有一幅图画，却比充满图画的漫画书要伟大得多。要避免对在头脑中建构图像这件事过于着迷。离开图像，你依然可以富有想象力地思考。同样，你还可以只想象，不思考。

我来举个例子。一位母亲感到很焦虑，因为她的小孩还没有从学校回家。她开始想象各种场景。她成了那些可怕幻想的被动牺牲者：恐怖的想法一个接一个地、不受控制地进入她的头脑。情感和想象力结合在一起。她的想象力活跃过度，她的思考能力没有发挥出来。她万分恐慌。在这种情况下，思想和想象力是互相矛盾的。

在其他情况下，我们倾向于把它们区分开来。比如，如果你读到一篇关于格陵兰岛北部地理的科学报道，你可能会在分析气候、动植物的同时，试着想象这个地方的面貌和那里的生活。你将像一个自然地理学家一样思考，同时，你也会在想象中为自己创造一个场景。

但是还有第三种情况，在这种情况下，思考和想象密不可分。思考就是在想象。举个例子，优秀的侦探和顶级的管理者在解决问题的过程中，既需要在设想可行的假说时充满想象力，又需要非常注意数据以及根据数据做出合理推理。他们既要富有想象力地思考，但同时，又要连贯地、系统地、脚踏实地地思考。

那么，为什么想象力没有在管理学培训和教育中被赋予应有的重要性呢？首先，我们仍然倾向于将算术计算这种计算机擅长做的工作，视为最典型的、训练头脑的练习。我不知道这种设想从何而来。计算尽管十分重要，却依旧属于相对低阶的思维，并且在当前逐渐成为机器的工作。加减乘除，几乎没有太大的空间表现出独创性、天赋、常识、直觉、判断力或建设性。

第二，我们发现自己很难摆脱这样一种假设：只有在虚构某件事情时，我们才需要运用想象力。莎士比亚曾宣称“想象可以在心中绘出未知事物的形式”。他也确实创造了一个由虚构人物和事件构成的生活世界。但是，达·芬奇和爱迪生也同样有很好的想象力。普洛斯彼罗和哈姆雷特都是虚构的人物，但潜艇和直升机、电灯泡、电话都不是虚构的物体，尽管它们的发明需要想象力与技术知识的结合。

运用你的想象力2

爱因斯坦曾想象：如果你背着阳光行走，你看到的世界会是什么样？这个问题最开始是他小时候想到的，到了成年后，他具备了回答这个问题的思考能力和知识。列出三个类似的、需要动用想象力或者幻想的问题。这些问题需要彻底改变你工作环境中的熟悉概念。

发挥作用的想象思维

想象思维并不限于发明创造。侦探或者管理者并不常常发明什么或者创造什么，但是他们仍然在经常性地使用想象思维。他们的共同点还在于他们在工作中都会遇到敌手——侦探会遇到罪犯；管理者会遇到竞争对手。运动员和士兵也会遇到敌手。

我们再来看一个例子。当我们夸赞一个足球运动员“在工作中”很有想象力时，我们不是夸他坐在扶手椅中奇思妙想，也不是夸他创作了关于足球的小说。事实上，我们夸赞他，是因为他做了如下的事情：

◎ 带球过人的过程中没有反复使用“闪躲”或者“转弯”这些技巧。或者，前三次他连续使用了同样的动作，第四次突然改变方向，让他的对手大吃一惊。

◎ 他并不认为他的队友会像前五次一样把球传到右侧；他准备好，认为这次球会被传给他。

◎ 在没有看到空当的时候，他能很快预测空当会出现的地方。

换句话说，他能很快地预测、看到和处理不寻常的事情。他能让对手措手不及，却不会被他人搞得措手不及。他能想到各种出乎意料和不合常规的情况。

足球场上的这种想象思维和运动员是否会写有关足球的小说无关，和学术界所推崇的理性逻辑思维也无关。英格兰足球队前经理罗恩·格林伍德（Ron Greenwood）说过，足球是一场斗智斗勇的比赛，需要身体和精神两方面的综合素质：

> 善于踢足球的大脑和善于搞学术研究的大脑非常不同。我曾在牛津大学足球队执教7年。如果踢足球和搞学术需要同样的大脑，那么牛津大学的足球队应该是世界最棒的了。事实并非如此。一个有读写困难的人有可能非常善于踢足球。

有的想象力还能帮助罪犯。下面的寓言说明，在最极限的情况下，想象力和创业精神依旧可以蓬勃发展。请看下面的故事：

伯纳德·利奇（Bernard Leach）是一位享誉世界的陶艺家，他的陶罐售价数百英镑，有时甚至数千英镑。公开拍卖会非常热衷于在这股流行浪潮中赚钱。在英国韦克菲尔德附近的费瑟斯通监狱服刑的两名囚犯很快就嗅到了这其中蕴含的机会。他们上过陶艺课，开始按照书和杂志上的照片临摹利奇的作品。有一次，他们制作了14个“利奇”陶罐，他们对工艺的这种热情给监狱长留下了深刻的印象。更厉害的是，在这些作品的底部，还印有伯纳德·利奇的名字缩写，BL。

囚犯不被允许出售他们制作的罐子，但可以支付每罐几便士的象征性费用，然后把它们送给朋友和家人。囚犯把他们的陶罐给了一个古董商朋友。古董商在合适的时间把这些陶罐拿到伦敦的拍卖会出售。在佳士得拍卖行，这些陶罐以每个超过1000英镑的价格被拍得。他们唯一的失误在于短期内将太多的陶罐投入市场。当他们被抓住之后，三个囚犯中的一个解释道，他之所以将BL印在陶罐底部，是因为伯纳德·李（Bernard Lee）是他自己的一个别名。

还有一种想象思维，显然与监狱里的伪造犯罪、侦探工作或足球以外的领域有关。举个例子。战争中也常常需要想象思维。战斗机飞行员在无休止的格斗中闪躲和迂回时，必须运用他的想象力。成功的将军历来都表现出同样的能力。温斯顿·丘吉尔曾写道：

> 几乎所有被认为是军事杰作的战斗都是策略战。在这种战斗中，敌人常常发现自己被某种新颖的装置、某种意想不到的力量或策略打败。在这样的战斗中，胜利者的损失很小，而敌人既被迷惑，又被打败。

在商业中，你的下一步行动并没有被规划好。但是你也不能为所欲为。比如说，你肯定不像电视剧编剧或者诗人那样自由。你就像是一个人穿越一个没有地图的高原。你要独立思考，然后实验性地尝试所有可能带你到达目的地的方法。问题的解决方法不在书中，也不在你的记忆库中，因为你之前从未经历过这些。你需要创造或者创新，无旧例可依循，无常规做法可参考。英国连锁超市——塞恩斯伯里超市的前董事长约翰·塞恩斯伯里（John Sainsbury）曾说：

> 在优秀管理者所有应具备的素质中，我认为最重要的就是想象力。好的管理者要充满想象力，才能成为一个成功的创新者。这个意义上的成功指的是不仅能给企业带来有价值的贡献，还能给个人带来满足感和成就感。
>
> 在预测未来事物发展和应对变化时，我们最需要的就是想象力。一个人只有拥有了生动的想象力，才能心思敏感地理解其他人，不管这些“其他人”是客户、同事还是车间工人。管理者能够做到这些是保证企业获得成功的重要因素。

你可以发展自己的想象力吗?

我们都有合成的能力。虽然程度不同，但每个人都是有创造才能的。比如，我们都可以讲笑话。虽然这些笑话可能并不是多么诙谐机智，或者能赢得满堂喝彩，但是它们都是新的笑话，而不是曾经有人讲过的。可是值得注意的是，如果有人问我们是怎么想到这个笑话的，我们却不知该怎么回答。笑话创作似乎并没有什么技巧或者方法。所以，很多时候我们会模糊地回答："嗯，就是突然想到的。"

创造性思维不关乎技巧，却也不是单纯的运气问题。职业喜剧人会专门研究笑话，做好索引把笑话分类整理并记下观众对笑话的反应。比如，在有的国家，也许人们更容易被那些有关"婆婆"或者"岳母"的话题触发笑点。喜剧从业者甚至会分析"幽默"的概念并试着得出一些概论。到底是什么触动人们发笑？哪些事情本身就是可笑的？举个例子，幽默与我们对比例的感觉有关。所以，我们看到一个大块头的人骑着一辆很小的自行车，或者听到喜剧表演者荒诞地吹嘘某事时，都会感到很好笑。像创造性思维一样，当两条明显不相连的直线突然相交时，幽默就产生了。

你最近在工作中是否运用过或者见过其他人运用过想象思维呢？相同的原则同样适用于管理。你可以做一些研究，探究一下想象思维在商业领域的应用。然后，你可以反思一下，这种思维是哪种情境所需要的。这些活动本身并不能帮助你变得更加有想象力，但是会激发你的兴趣并让你更深刻地理解富有想象力而又足智多谋的管理者是什么样子的。

运动员有时会想象他们未来的样子：轻松、自信、技术炉火纯青。这对他们很有帮助。你也想象一下你在下一次委员会议上发言："看，我们又走老路了！难道我们就不能更有想象力一些吗？"想象一下你同事们的惊讶表情！

EFFECTIVE DECISION MAKING

运用你的想象力3

你在一家跨国公司的制药部门工作。你刚刚发明了治疗普通感冒的一个简单疗法。所有人都会感谢你的发明。一旦你的发明被证实有效，你会变得有名有利，这是必然的。想象一下贵公司纽约董事会为

EFFECTIVE DECISION MAKING

你举行招待会的情景。想象一下你将获得的巨额财富。如果你认为这种空想过于不现实，你可以回忆一下达·芬奇的例子。当他试图设计一艘潜艇和一台能够大量生产针头的机器时，他就让自己沉浸于这种空想。他在头脑中想象他成功之后所能获得的名气和财富。

改变你的个人形象，改变你看待自己的方式，这也许是打开想象力大门的最强大的方式。如果你不将想象力应用于自己，你很难将它应用于生活。

EFFECTIVE DECISION MAKING

运用你的想象力4

你认为自己具有一个有时富有想象力的分析型大脑，还是具有一个同时具备分析力和想象力的大脑?

当你想象自己的应然状态时，你是否看到或者感觉到你的那些有待开发的潜质?

想象一下你5年后成为一名公司总裁。你以富有想象力而著称。你是如何获得这一声誉的?想出三个可信的故事来解释你的脱颖而出。

正确看待想象力

在所有的思考能力中，想象力不占据最主要的位置。它应该是一个团队合作者，而不是队长。它是思想的先锋队、侦察队。想象力的具体作用是引导我们进行创新、发明、创造、探索和冒险。

一个有意识地突破惯例、不走寻常路的领导者展示了某种程度的想象力。他或她的这种商业冒险也许最终徒劳无功、胡乱随意或者疯狂迷乱。对于那些爱做梦的管理者来说，梦就是他们的探路者。但同时，这些“梦”也可能让他们破产。所有那些不走寻常路的人们中，只有少数是探索者。“富有想象力”“创造性的”“具有冒险精神的”这些都是褒奖之词；但同时，也有“空想的”“鲁莽的”“疯狂的”这些词被用来形容那些失败的爱想象的思考者。

因此，我们要警惕任何美化想象力这个概念，并将之视为最终目的的倾向。人们有时会忘记，生动的想象力也可能很愚蠢。创新的能力也有可能是“疯子的自由”。天才和怪人都是富有想象力的思考者。有的人既是天才又是怪人。

虽然如此，想象力依然是商业领袖最重要的素质之一。在你未来的职业生涯中，会有很多的情况需要你去创造、发明、即兴创作、发现、创新、探索、实验，以及有意识地突破旧例。你能想象自己可以做到这些事吗？

想象思维的关键点

◉ 想象力是我们在头脑中形成图像或者设想那些我们没见过以及没有直接经历过的事情的能力。

◉ 想象力还与高阶创造能力相关。它创造新的现实形式，通过重新组合过去经验的产物来塑造未知或新的事物。

◉ 想象力指的是产生新的想法，而创造力指的是将这些想法转化成改良的或者新的产品和服务。想象力和创造力都需要想象思维。

◉ 我们需要想象力来预测未来以及应对改变。

◉ 只有拥有生动的想象力，我们才能敏锐地理解他人、与他人产生共情，不管他们是我们的团队成员、同事，抑或是客户。

想象能帮我们看到看不见的事情。

——乔纳森·斯威夫特（Jonathan Swift）

06

评 估

真理的奴隶是自由的人。

——阿拉伯谚语

评估是思维的三大类属功能之一。我们无法回避它。本章带你一起仔细思考“评估”这个概念，特别是在决策中评估事实的重要性。

在决策力和领导力之后，英国商界领袖们将“正直”列在管理者必备的25项素质的第3位。斯利姆勋爵（Lord Slim）从“正直”可以带来的影响这一角度出发，将“正直”定义为“一种让人们相信你的品质”。那么，“正直”是如何引发信任感的呢？

“正直”这个词的本身就有整体、完整和公正的含义。它是一个整体的词。你可能会想得出这样的结论：正直是不存在的，也许它是你所有道德品质的运行模式。因为它意味着一个集合体：这个集合体既显示了部分的独立，又显示了整体的完整和完美。然而，“正直”这个概念还是包含一些显著元素的。“正直”意味着遵守道德、艺术或其他价值准则。它还意味着：具备一定程度的可靠性、清廉不腐败，让你能够信守承诺、承担责任、不负重托。

“正直”的核心在于对事实的评估。它最相关的近义词是“诚实”，拒绝任何形式的谎言、偷窃与欺骗。性格中的这些品质建立于“你能在各种情境中感知事实”的基础。这个能力对于好的决策来说显然是很重要的。因为决策基于以下两大支柱：

◎ 确认事实。

◎ 知道该做什么。

因为管理者面临巨大的时间压力，并且是以行动为导向的，他们倾向于草率地应对第一个，然后非常快速地跳到距离行动更近的第二个。

评估的自主性

重复一下我之前的观点，评估是一个独特的功能。我们大多数人现在都意识到你无法从事实中得一个“值”。再多的推理、逻辑论证、情感诉求或事实信息也证明不了一个“值”。正如一句著名的话所言：你无法评判一个既成事实。

此外，和想象一样，评估有时和思维这种推理的过程相差较大。植物学教授毕生致力于分析和比较世界上大约250种不同种类的毛茛，他可能会突然发现一堆黄色的毛茛在高寒的草地上燃烧，并说“它们看起来多美啊”，这和理性思维没什么关系。

然而，有些时候，评估和思维实际上又是密不可分的。偶然的机会，在写这一章的前一天，我带着一架旧望远镜走进伦敦佳士得拍卖行，打算卖掉它。接待处的专家把它翻过来，检查了一下，敲了敲。“没有制作者的名字，”他若有所思，仿佛在自言自语，“但是，这也并不重要。”他抬起头说：“这里的黄铜部分可能是用皮革覆盖的。”沉思了一会儿，他又说道：“它值30英镑。恐怕我们无法在这里将它出售。因此拍卖它的成本会超过我们的佣金。您可以去地方拍卖行试试。”

在这里，你可以看到决策的两个步骤。首先，要搞清楚关于这个望远镜的事实，确定它的价值。你可以把这步称作第一目标。这个意义上的事实指的是对事物本来面目的描述。这里，“事实”的近义词是“实际”或者“现实”。“现实”很复杂并有多个层面；“事实”是我们对“现实”的把握，总是片面的、主观的、有条件的。

第二步是基于那个估价做出一个决定。佳士得的专家有三个选项可供选择：

◎ 好的，我们将把您的望远镜放在下一批光学仪器的拍卖中。

◎ 不，我们建议您找别的地方把它卖掉。

◎ 等一等，我可以再研究一下并咨询一下我的同事吗？我们做出决定后会通知您。

在这个案例中，专家关于望远镜的信息——他所感知到的事实——使他毫无差错地选择了第二种方法。也就是说，确立事实的初步工作使决策工作变得轻而易举。在管理中，这两个截然不同但又相互关联的活动——思考和决定做什么——需要深思熟虑的思考者将它们分开。

思想必须先于行动，引导行动的有效展开。然而，许多管理者似乎没有意识到，任何行动（运气除外）的有效性都取决于先于行动的思考的质量。以你个人的经历而言，你同意吗？

思考者策略

当然，不管怎样，评估都是部分主观的。我们人人都有评估的能力。

但是，它是完全主观还是部分主观的呢？我是真的了解关于望远镜的事实，还是曲解了这种事实呢？毕竟，有人告诉我，我写字用的这支红色的钢笔完全不是红色的，它是没有颜色的，它只是以某种方式反射光线，激活了我眼睛中“看见红色”的细胞。

我们显然无法证明这两种情况，但我们可以接近它。例如第二次世界大战期间在贝尔森和达豪等集中营发生的大规模灭绝事件。即使是认为真理是主观的伯特兰·罗素（Bertrand Russell），也不得不承认那里发生的一切是邪恶的，不管哲学家们的观点是什么。然而，在一些旁观者的心目中，邪恶确实不存在，它是一种客观的品质或价值，是这个地方和制造大量死亡方式的人所固有的。

不管你的哲学观和宗教观是什么，只要你不是坚决地支持“事实不存在”这一方，我想说服你在思考的过程中采纳一个中心策略（也许你已经有意识或者无意识地这样做了）。这个策略就是假设事实的存在。因为这种信念会产生最好的结果（“没有坏的追随者，只有坏的领导者”这一命题可能不是真的，但它仍然是一句值得记住的优秀格言）。

将事实视为客观物体并认为人类是在发现真理而非创造真理这一想法对科学的发展有极大帮助。这里还和宗教有关。爱因斯坦基于犹太人的传统，认为人们对于“给予”以及其他价值观的信仰，源自某些“全人”的思想。正如他所说：“上帝也许会出一些难题，但不会打破规则，去提出那些无解的难题。”误打误撞从不是解决问题的方法：上帝不与世界掷骰子。他曾这样讲述他对真理的根本追求：“我想知道上帝如何创造了世界。我不是对这个或者那个现象感兴趣，也不是对这个元素或者那个元素的光学频谱感兴趣。我想了解上帝的想法，其他那些只是一些细枝末节。”

爱因斯坦是一个尤其恰当的例子。他的相对论影响重大。绝对空间和绝对时间这样的基本概念被证明是相对的（一个人的现在是另一个人的过去，因为“现在”是一个主观概念，只对某个参考系中的观察者才有效）。由此，人们开始普遍认为，所有的价值观或者像“事实”这样的概念，都是同等而相对的。一个人的真实是另一个人的谎言——这完全取决于你的立场。

这种普遍的印象很大程度上建立在对爱因斯坦实际发现的误解上。当坎特伯雷大主教要求爱因斯坦对他的理论改变了人类普遍价值观发表评论时，这位伟大物理学家回答说：“一个字也别信。这没什么影响。这是纯粹的抽象科学。”在其他的论著中，爱因斯坦写道：

> 相对论的含义被广泛误解了。哲学家玩文字游戏，就像小孩玩布娃娃。在我看来，相对论仅仅是指某些被认为是积极和永久的物理事实和机械事实，与物理和力学领域的某些其他事实是相对的。

科学家们不必对神抱有任何宗教信仰（不管这个神是多么的无形、客观）就可以相信真理的存在，认为真理就像密林中的猎物一样，被困、被猎杀或被逼入绝境。科学家们也确实是这样想并且这样做的，由此产生的成果也确实是很可观的。

在管理中，我认为也应该强调这个策略。如果你信奉“事实”的存在，你会努力找到它，你知道只有基于“事实”的决策才更有可能成功。反过来讲，如果决策是基于错误的证据，它就不太可能是成功的。

问你自己如下问题：

> 你认为你在工作中是否会因为良心问题而被迫辞职？
>
> 在你的职业生涯中，你是否曾拒绝撒谎并承担了后果？

在你思考时，你是否相信“事实”的存在？

“当没人关注真理是否会盛行时，真理就会盛行。”你认为真理本身是否有力量或者生命，并且在我们允许的情况下，这种力量或生命能让真理自我伸张呢？

总结一下，评估和价值可以被视为一个相当独特与自主的类属。评估的能力是普遍存在的。我们行为的价值取向受到所处社会的影响，但这未必代表这样的价值观不是客观的。这样的价值观可能是客观的，也可能不是，这取决于宇宙的终极性质。但是，承认价值观存在的这种实际信念在科学领域得到了回报。它让你有意识地寻找真理，在找到之前绝不满足。你也许持怀疑态度但不会愤世嫉俗。你的态度会很端正。当你的注意力集中在决策制定的初始阶段——确定事实——时，评估与思考的其他元素会融为一体。你会分析与重构；你会动用你的深层意识，依靠潜意识中的直觉；你会努力在记忆中搜寻相关的信息或者经历。但是，“评估”会起支配作用。

作为一名战略领导者，你应该是一个多面手。你也许并不了解高级金融的各种复杂概念，也不了解高科技的各种谜题。因此在确定“事实”的这个过程中，你需要咨询其他人。企业研究理论的专家和顾问会给你提供信息，基于这些信息，你可以做出你的判断。在实际中，这些专家也是有主观意识的人，他们也是评估者。他们给出的不仅仅是客观信息，也包括他们的主观判断。就像佳士得拍卖行的那位专家，他根据客观信息与自己的判断，给我的望远镜做出了一个评估。

这种对专家帮助的依赖，加上专家和顾问在评估过程中具有的一定的主观性，意味着我们必须熟练地进行另一种形式的价值评估，即判定我们的顾问是否在告知真相。这就有赖于我们的直觉。人的因素再一次进入有效决策的过程中。

在评估别人提供给你的信息的价值时，你必须衡量他们的智力和专业能力。你对于要解决的问题至少应该有所了解，不然你也不会坐到现在的这个位置上。利用你对问题的这点了解来评估你的顾问。如果他所说的和你了解的之间存在巨大冲突，把这些有冲突的地方整理出来。不要害怕提出问题，这些问题会让你对此人知识的广度、深度、高度和宽度有一个相当准确的判断。不要对别人的专业知识做出错误的假设。他们在过去可靠吗？他们有诚实正直的名声吗？你能相信他们会告诉你真相吗，不管真相是多么令人不快？

差劲的顾问会给你提供对情况的解读，这些解读远离客观甚至毫无价值。他们想让你选择特定的路径，并给你提供信息以支持他们对“事实”的解读。和他们的解读相反的证据被藏入“脚注”，其他的选择被归入“附录”。

“猪湾事件”是一个典型的例子。1961年，美国前总统肯尼迪决定支持常驻佛罗里达州的古巴持不同政见者入侵古巴。这个例子说明了只考虑自身利益和目标的顾问会对决策产生有害影响。在这个事件中，美国中央情报局敦促总统做出了通过中间人——古巴持不同政见者——来进攻古巴的决定，最终行动失败。而向总统提供古巴和古巴人情报的也是中央情报局。你可以猜到这中间发生了什么。然而，这并不能成为肯尼迪总统做出错误决定的借口。总统也掌握从其他渠道而来的信息，比如报纸。他本应该对专家们以及他们在多大程度上是公正或无私的做出自己的判断。不过，至少他吸取了教训，更有效地应对了后来的古巴导弹危机。

因此，任何处于战略领导地位的人都应该优先考虑让自己的团队成为一个以事实为导向的组织。要谨防任何人为了达成他们的目的向你提供一些过滤过的或者扭曲过的“事实”。营造良好的氛围，让每个人都致力于发现真相并付诸行动。如果事实证明你错了，你就要勇于承认。因为如果你这样做，你就为其他人树立了好的榜样。

看下面的例子。这个例子讲述的是一位第二次世界大战中鲜为人知的科学家雷格·琼斯（R.V. Jones）向丘吉尔提供专家建议的故事。你能想到哪些在决策中体现这种求真精神的管理者？他们是否与例子中的丘吉尔和琼斯一样？

EFFECTIVE DECISION MAKING

丘吉尔一向很喜欢那些“幕后智囊”。根据丘吉尔的私人秘书格里格（P.J. Grigg）回忆，在20世纪20年代，作为财政大臣的丘吉尔曾传唤财政部的金融和经济专家拉尔夫·霍特瑞（Ralph Hawtrey）爵士，并指示：“应该把这位博学的人从据说我们曾给他注射过疫苗的地牢里释放出来，把他的锁链解开，把他的头发和衣服上的稻草弄干净；让他在财政部的会议室里，与现世最伟大的辩论大师进行一场轻松而热烈的辩论。”

在第二次世界大战期间，丘吉尔担任英国首相。他最喜欢的研究员（政府所雇佣的科学家）是一位年轻的、讲话轻言细语的科学家——雷格·琼斯博士。首相常在圣詹姆斯公园对面的军情六处总部传唤他。

雷格·琼斯在1940年6月21日做出了重大突破。他和他的团队一直对德国轰炸机袭击英国时发射的无线电波束感到困惑，并确信这是一种导航设备，用于引导飞机击中目标。很多高级别科学家对此深表怀疑，拒绝相信电波可以绕地球表面弯曲。雷格·琼斯认为电波可以弯曲，并且认为这些电波在遇到反制措施时会再一次弯曲，以便引导飞机从城市地区转移至空旷的乡村地区投弹。

琼斯有天早上进入办公室，发现一条信息，指示他到唐宁街10号的内阁会议室来。他认为这是有人为报复他而搞的恶作剧，因此没有多想。但是之后他发现这个消息是真的。随后他赶去了唐宁街10号的内阁会议室，迟到了25分钟。

丘吉尔在会上要求他详细说明一下细节。他讲了20分钟。他过后回忆道："在我进入会议室之后，接下来几分钟的漫无目的的讨论表明没有人比我更了解这件事了。尽管当时我没有意识到自己的冷静，但形势的严峻性让我稳定了自己的神经。"

雷格·琼斯给首相留下了深刻印象。此后，丘吉尔将他称为"打败该死的光束的人"。对一个28岁的年轻人来说，这是件令人兴奋的事。

琼斯回忆他和丘吉尔的会面时说："首要的就是要在试图确定真相时保持绝对的严谨。丘吉尔曾说过：'你不需要礼貌，你只需要正确。'不管你遇到的人有多么的杰出，多问他几个为什么。没有很多人能经受住这种询问。他们的知识基础是如此的不稳固，真是令人吃惊。这就是那个99%的汗水和1%的灵感的古老故事。一个人需要从基本原则出发得到合理的理据，要对那些寥寥数语就可以说清却偏要长篇大论的论断持怀疑态度。"

丘吉尔和琼斯设定的标准——在试图确定真相时保持绝对的严谨——是一个很高的标准。在任何组织机构中，想要达到这个标准，都需要团队合作。如果你追求卓越的商业领导力，你的首要目标应该是达到这一标准。

正确看待评估

评估是人脑普遍具有的功能。它涉及思维的所有维度，而不是一个孤立的功能。但是在有的头脑活动中，我们会明显感觉到它起主导作用，比分析、合成或想象起的作用大得多。这点在你充当评委评价某人或者在面试中评估某人时尤其明显。当我们说某人有很好的判断力时，这是我们用来描述一个善于评估的人的广义术语，就像我们说一个人有很好的逻辑思维能力或者有很多新想法。当然，这不代表这些能力是互相排斥的。

评估是一个广义的概念，在本章我聚焦于它在寻求真理过程中的首要地位。你需要动用你可调配的一切手段发展它。因为确定真相或者事实似乎是知晓可行做法的初步条件。基于一厢情愿的想法、错误的假设、未被发现的差错、粗心的计算、错误的数字或虚妄的保证的决策很难成功，当然，运气成分除外。

一个真正的领导总是会说实话。因为，他所领导的人终将会了解事实的真相。帮助团体或者组织中的人这样做并给予恰当的回应，是领导的核心所在，尤其是在一些考验人的时刻。请看下面的故事。

EFFECTIVE DECISION MAKING

圣约翰骑士团大师拉·瓦莱特（La Vallete）就是这样一位领袖，4个世纪前，他在土耳其大军围攻马耳他时指挥马耳他军民。收到没有希望早日得到救援的消息后，他向议会宣读了电讯。瓦莱特说道："我们现在知道了。我们不能指望他人得到救助。我们只能依赖上帝和我们自己的刀剑。然而，我们不能因此而气馁。相反，与其被似是而非的希望所欺骗，不如了解自己的真实境况。"

当然，拉·瓦莱特是正确的。然而，发现自己处境的真相并不总是那么容易。事实可能极其复杂，经常被他人歪曲，而且可能是明显相互矛盾的。这就需要我们用到直接感知真理的能力——直觉。

评估的关键点

◉ 古罗马谚语云：“正直是最高尚的财产。”正直意味着十分可信和廉洁，不会对他人的信赖不忠。一个正直的人最看重真理。

◉ 确定事实是高效决策的必要条件。这并不容易。在很多情况下，事实很难被掌握。

◉ 在制定决策时，我们经常需要咨询拥有专业知识和技术知识的专家。但是，毫不质疑地接受他们的建议并不明智。这种情况下，你需要动用你的评估能力：你需要就所决策的问题，评估专家给你的建议。

◉ 你现在应该明白了你决策的能力很大程度上取决于你的判断，而反过来，你的判断是你评估能力的一个重要功能。

◉ 对于一个好的领导来说，真相并不仅仅是事实的准确性（真实反映现实），尽管这仍然很重要。真相还意味着诚信、可靠和坦率。

真理告诉人们什么是普遍存在的。

——安托万·德·埃克苏佩里（Antoine de St.Exupéry）

07

你的第六感：直觉

真理的面貌和风度，
只有你见到，才会爱上它。
——约翰·德莱顿（John Dryden）

什么是直觉？你如何能更好地运用你的直觉？本章学习的目的在于让你更加了解在决策的过程中直觉所起的作用。本章还会为你提供一些指导方针，以便你能够更好地运用你的直觉。

直觉是一种能够让你立即理解事物的能力。这种能力无须通过推理的过程就可以发挥作用。你不需要一步步地归纳或者演绎推理，不需要对情况进行有意识的分析，不需要动用想象力。你可以快速地洞见到关键和答案。

“我有的只是女人的直觉，”莎士比亚作品中的一位女主人公说道，“我就是认为他是这样”。几个世纪以来，女人们总是以她们的直觉而著称于世。男人们则被认为是两性中更加具有逻辑思维的群体。你同意这一点吗？

使用直觉的目的通常在于获取某种形式的真相。因此，直觉有时也是评估的一种形式，只不过这种评估不需要你有意识地努力，可以完成于顷刻之间。你的头脑可以直接察觉出关于某事或某人的真相。事实上，哲学中有“直觉主义”这个名词，直觉主义认为知识的某些要素，如伦理的基本原则，完全基于直觉。

你应该还记得，在前中，我曾提出在决策制定的过程中，我们要区分两个阶段：

◎ 确认事实。

◎ 知道该做什么。

第一个阶段需要繁重的工作。夏洛克·福尔摩斯（Sherlock Holmes）是思想家的化身，他主要依靠仔细观察证据，从假设中得出正确的推论。这是一个策略。但是，直觉型的人似乎并不遵循这一策略。这类人的大脑会直接告诉他们发生了什么或者谁是谋杀犯。

实际上，这并不是非此即彼的问题。夏洛克·福尔摩斯式的人也许会动用逻辑思维思考一段时间，然后突然就产生了直觉；相反，直觉型的人也可能拥有强大的分析能力，而他的直觉正是基于这种分析能力。

EFFECTIVE DECISION MAKING

你的直觉如何？

直觉就是当你的逻辑推理告诉你某种情况不可能甚至不存在时，你却能意识到这种情况的存在。你有这种意识吗？

很少 □　　有时 □

经常 □　　从不 □

在你评判他人时，你是否倾向于依赖你对他们的印象做出判断？这样的判断通常准确吗？

你是否能经常“感觉到”该做什么决定或者该怎么解决问题？

有时，你是否会觉得很难和别人解释清楚你的直觉？

EFFECTIVE DECISION MAKING

当你的直觉被证明是错误的时候，在事后，你是否明白产生这种错误直觉的原因？

管理者常常被阻止去认识和使用他们自己的直觉能力。因为人们觉得在某种程度上，直觉在知性世界是不受尊重的，它显然不够科学。对于理性管理的狂热追求强有力地禁锢了直觉型思维。事实上，这是很荒谬的。一些负有盛名的科学家们在他们的工作中都会使用直觉。爱因斯坦的话证明了这一点：

> 发现这些基本定律没有合乎逻辑的方法，有的只是直觉；直觉帮助我“感知到”现象背后的秩序与规则。

相信你的直觉

如果你现在更加意识到直觉在思维中的作用和地位，你已经迈出了有效利用直觉的第一步。下一步需要你更加相信你的直觉力。这不是说让你“总是”相信，也不是说让你“偶尔”相信，因为在“相信的频率”这件事上我们无法一概而论。但是，你应该准备好给直觉一个被相信的机会，和你头脑中负责直觉的区域“建立起友好的关系”，让直觉时刻准备着“为你服务”。

直觉力练习

阅读下列短文并回答问题：

EFFECTIVE DECISION MAKING

以色列前总理果尔达·梅厄夫人（Mrs Golda Meir）有一次曾经提到，因为忽略了自己的直觉，她造成了1973年赎罪日战争的首战失利，并由此毁掉了自己的政治生涯。

在她的自传中，这位在俄国出生、在美国长大的以色列前总理披露，在1973年10月5日周五，她接到消息称苏联顾问正匆忙离开叙利亚。“我当时不想显得过分偏执。并且，直觉是很难把握的。有时我们需要立即按照直觉采取行动，而有的时候，直觉只是焦虑的一种症状。”她写道。

此外，时任国防部长、参谋长和情报局长的摩西·达扬（Moshe Dayan）让她放心，认为战争并不会马上来临。前任参谋长巴·列夫（Bar Lev）将军也持有同样的想法。

她补充道：“如今我知道了自己当时应该怎么做。那个周五我应该克服自己的犹豫不决。我应该倾听自己内心发出的警告并且下令征召部队。对于我来说，发生的事实不能也不会被抹去。别人的任何话也无法使我得到慰藉。”

你认为在那个周五上午，梅厄夫人是否应该遵循她的直觉并采取行动呢？

在你生活中的某个阶段，你是否也曾有忽略直觉、没有及时采取行动的事例呢？对于直觉的忽略产生了什么后果？

情感与直觉

“有的时候，直觉只是焦虑的一种症状。”这句话描述的是直觉。情感和直觉紧密相连，都产生于大脑的内部区域。事实上，它们的联系太紧密了，以至于常有交叉。恐惧与焦虑这样的负面情感会以直觉的方式呈现。一位紧张的乘客会产生直觉，认为他飞往巴黎的航班会失事，这种直觉促使他换乘了另一航班。这些因为焦虑而产生的直觉，正确率相当低。另一方面，正面情感也会带来一厢情愿的直觉，例如恋爱中的男女会对所倾慕的对象的性格品质产生毫无根据的臆测。

由此可知，一个极度依赖直觉的思考者，正如很多真正高效的思考者那样，必须是身心健康的。一场重感冒就能让你看清外部事件对情感的影响：你也许会变得更加易怒、沮丧；你只关注自己的胃口；你感觉糟透了；你觉得自己快要死了。然而，值得一提的是，很多政治家和将军在身体不适或精神疲惫的时候还在行使决策权。

身心的疲惫与压力肯定会破坏直觉型思考者对现实情况的即时理解。登山者意识到自己在处于疲惫状态时，决策质量会大幅下滑。在你疲惫的时候，最好动用你的逻辑思维，而不是依赖你的直觉。

希特勒是个典型的例子。这个例子告诉我们情感压力、身体疾病和疲劳对直觉型思维人士的影响。本来，客观来说希特勒作为一个政治家和军事领袖有相当的天赋。他决定通过阿登高地入侵法国就是出于直觉，这与他那些采用逻辑思考的对手，甚至与他那些高度理性的参谋们都形成了对比。但是，到1945年，战争的影响使他变成了以前的自己的影子。很多人见过他出现的一些压力应激症状，比如手抖、面部抽搐。因为他不喜欢听到坏消息，他周围充斥着那些把坏消息过滤掉的人，于是坏消息被包装成了好消息。逐渐地，希特勒离真相越来越远，进入了一个自我的世界。受压力和情感的困扰，沉迷于不实的虚假信息，他的直觉成了无用之物。

商业天赋

诺贝尔奖获得者埃德加·阿德里安（Edgar Adrian）曾经说过：“回顾我自己的科研生涯，我认为它没有体现出很大的创造力，但是体现出一定程度的商业本能，让我能够趋利而做出选择。”

本能、天赋和直觉其实都差不多。一个能在某领域持续地运用直觉辨别力的人就是有天赋的人。他能“嗅到”好的前景或者通往真相的方向，而不必一步步地通过推理得出。事实上，“天赋”这个词本身就源自一个法语动词，表示“嗅、闻”。

保罗·盖蒂（J.Paul Getty）曾这样说：

> 当我第一次开始在俄克拉何马州的石油钻探时，专家们一致认为在所谓的红层地区不可能有石油。但和许多石油工人一样，我选择在分析性思维中加上一点点的非逻辑的主观臆想。对我来说，这个区域“看上去”很有可能藏着油。基于这种预感，我决定试一试。我开始在红层区域钻孔，发现了石油并由此开发了一片巨大的新的产油基地。我有时都不敢相信，通过这种“非教科书”式的思考方式以及对相应风险的勇于承担，我获得了巨额财富——在石油事业和其他事业中。

在杰出的实业家和商人的生活中，商业天赋是一个始终如一的主题。他们能凭直觉发现赚钱的机会。他们能在其他人只看到损失时，“嗅到”潜在的利润。这是一种本能，不同于推理或逻辑指导的繁复思维。如果这些人当时没有相信直觉，他们过后通常会发现他们的错误，就像我们前面提到的果尔达·梅厄夫人一样。

如果你在资本运用中敢于冒险，再加上这种商业天赋，你基本上就是一个企业家了。企业家可能单打独斗，但是更多情况下，你会成立一个公司，你会组织安排公司运行。实际上，这个时候你就成了一名管理者或者至少是你雇佣的经营公司的管理者们的雇主。尽管你拥有直觉这个天赋，但是对于人，你未必有准确的直觉。因为上帝不会将全部的天分都赋予同一个人。

EFFECTIVE DECISION MAKING

亨利·福特（Henry Ford）的职业生涯提供了一个很有趣的案例研究，他正是一个具有超强直觉力的思考者。他很固执、难以说服、脾气古怪。作为密歇根一名农夫的儿子，福特最终实现了他的目标，为广大的普通群众制造汽车。

福特几乎没有接受过正规教育。因此，他在阅读和写作方面都很有问题。然而，他有一种与生俱来的机械才能。在早年，他修理和维护他父亲的农业机械时，就显现出了这种才能。美国第一辆汽车的问世点燃了他的想象力，他为自己设下目标，要制造出一辆汽车。经过7年的苦干，他在业余时间完成了这一目标。福特不是一名杰出的机械师，但是他有天资和雄心壮志，有努力工作的能力和对于创新的兴趣。

福特的第一款汽车产于1896年，那时他是底特律汽车公司的合伙人兼总工程师。第一款汽车在商业上未获成功。然而，福特无所畏惧，开始着手研发能让成千上万的民众有购买欲望的新款汽车。这种独一无二的直觉是福特成功的关键。他看到了大众交通崭新的市场。这种理念以及“造第一款大众汽车”的决心支撑他继续前行。种种迹象表明，他决心沿着这一条路走下去，把其他的路径都排除在外。他毫不掩饰地展现了他的雄心壮志。

福特尤其不擅长面对面的交流，他尽最大努力避免和人当面打交道。很多有争议的、对他的高级管理人员影响巨大的决策都未经讨论。他从不会告诉员工他们为什么会被解雇。他的这种对直觉的完全依赖和理性似乎大相径庭。一方面，他愿意为员工支付高额的工资；而另一方面，在他遵从自己的直觉做事时，又体现出不近人情的一面。他的这种“双面性”显得极为不一致。我们很难用逻辑思维的方式来了解福特这个人，他是一个很难被感知理解的人。

这种直觉法为福特带来了他最大的优势——他能够发现人们的优点与劣势，从而不断地建构和重组他的团队。正是这种几乎永无休止的革新让福特汽车公司保持了活力。他从不让员工长时间地从事同一种工作，因为他认为这会扼杀员工的想象力。这种“求变”的风格让他的企业持续“发酵”，却又永葆“新鲜”。

在20世纪20年代早期，福特汽车公司是世界上最大的公司，它的巨额现金储备即使以今天的标准来看，仍然令人叹为观止。然而，到了20年代的晚期，福特公司变得无法盈利、缺乏竞争力。这种状况一直持续到亨利·福特的孙子亨利·福特二世在1944年接管公司。造成这种明显下滑的原因有很多，通用汽车的出现是一个主要原因。但是整个福特公司的故事却被视为一个因为高度集权而造成管理不善的案例。亨利·福特的商业帝国由于他的做事风格而覆灭。这种风格在公司成立的早期是适用的，但当公司已然发展成为业内巨头的时候，这种方式就不再适用了。亨利·福特就是“老大”，他发号施令，自己做所有的决定，他不允许他的下属独立思考或者参与公司管理。

小结

直觉远非一种边缘和过时的品质，它是一些成功思考者工作方式的核心。对自然科学家或应用科学家来说，这是一种明显的无意识的能力。这种能力能让他们从多种可能中做出选择，找到事物运行或者不运行的实际方式。这也可能是一种意识层面以下的早期认识，让你知道自己“走对路了”。或者，这也可以理解为一种选择重要的、可行的解决方法或者调查路线的天赋。这些对于相关领域的管理者来说同样重要。因此，要鼓励自己使用直觉力，要更加意识到直觉的存在。仔细倾听并接受直觉对你的“轻声提醒”。但是，一定要对它进行评估。有了这种保障，直觉便可以为你节省大量的决策时间。

第六感“直觉”的关键点

◉ 直觉是迅速理解情况的能力。直觉的产生似乎并不需要有意识的推理。

◉ 有足够的证据证明高效的决策者会使用他们的直觉。

◉ 当掺杂强烈的情感时，直觉可能会变得相当不可靠。同样，身体状态不佳，如处在疲劳或者压力状态下，也会影响大脑的正常工作。总的来说，我们应该尽量避免在不佳状态下做出决策。

◉ 本能、天赋和直觉如出一辙。天赋是在某一领域内的一种出于本能的辨别能力。你可以“嗅到”机会或通往成功的正确方向。

◉ 在理想的状态下，直觉之所以能够起作用是因为大量的信息能够通过你的感官进入你的大脑，这种信息量是远非你有意识地调用头脑各功能所能处理的。因此，你的深层思维会做一些非正式的分析、合成以及评估活动，而直觉就是这些活动的产物之一。

◉ 如果直觉在一段较长时间后出现，它很有可能是可信的；但如果直觉很快出现，你就要花点时间去思考核对。

渔夫睡觉的时候，鱼入网了。

——古希腊谚语

08

深层意识

我们内心有许多未开放之地。

——英国谚语

上一章讲到的直觉突显了思考中深层意识或无意识的重要性。本章继续这个主题，聚焦这种意识在商业决策中的应用。希望通过本章的学习，你能更好地使用你的“大脑计算机”。

你是否曾有这样的经历：你锁好家门，开始一段旅程；走出一段路之后，你突然想起来你忘记关灯了，或者忘记关窗子了，或者忘带了某份重要的文件？大部分人都有这样的经历吧。我们称之为“记忆”，但是这种“记忆”显然不同于我们绞尽脑汁地回忆某人的姓名或者费力想起某种缺货产品的名称。

如果你想一下，你会发现你的“大脑计算机”需要扫描并处理大量的信息才能给你传达这条简单的消息：“你忘记关卫生间的灯了。”这就是为什么你想起来这件事需要一段时间。

这也是一个学习的过程。当“忘记关卫生间灯”这件事发生了两次或者三次之后，这件事就会存储在你的“大脑计算机”里面。今后，在你离开家之前，你的深层意识就会提示你：“最好检查一下灯是否都关了。”这就是经验。

利用原理

深层意识与决策相关的地方在于它总是在决策制定之后才发挥作用。例如，只有当你的行李箱已经打包整理好，放进汽车后备厢之后，你才会想起你忘记带牙刷了。

当决策涉及有关是非对错的道德问题时，我们将这种对于决策的回顾检查称为事后良心。“这样做是不对的”，大脑计算机向你发出良心提醒。价值评估通常发生于事后，特别是当涉及“自我”的时候。

潜意识的这种恼人的特征给决策制定者带来了很多不便，因为你希望你的深层意识能够在你不可挽回地做出某些决定之前发挥作用。

这里，“航线临界点”的概念就变得十分重要了。它指的是在飞行中，如果飞行员遇到麻烦，他必须继续飞行，而不是返航。也就是说，这意味着你在做出决定之后不能再改变主意的某个时间点。当然，这很少是一个“点”，通常有一系列连续的“点”，随着你经过这一系列的“点”，你改变主意的成本会不断上升。随着决策一步步地被执行，它就越来越难以被撤回，就如同湿水泥一点点变干变硬，直至凝固。尽管这一系列的临界点是连续的，我们也很有必要将它们厘清。

无论有意还是无意，决策制定的过程有点像结婚之前的订婚过程。你求婚成功，决定已经做出，你已经订婚但是还未完婚。这个决定还没有被完全执行。婚礼仪式就是你的“只能进不能退”临界点。无论好坏，无论贫富，无论疾病还是健康，你们都将相守。

在决策制定的“订婚”阶段，如果你是真诚的，你的深层意识可能会对你说，“这不适合你”。你要学会区分：这种声音的产生是源于他人给你的压力还是源于你面临重大决定时产生的胆怯。你可以回想一下我之前提到的，焦虑是否扭曲了你的判断与直觉？

EFFECTIVE DECISION MAKING

酒店业大亨康拉德·希尔顿（Conrod Hilton）曾试图收购芝加哥的一个老酒店，酒店的所有者们要将酒店卖给出价最高的人。密封投标截止日期的前几天，希尔顿匆忙地提出了16.5万美元的报价。出价的当晚，他睡觉的时候隐约感到一丝不安；转天醒来时，他预感自己的报价可能不够高。他之后曾回忆："我就是感觉不对。脑子里一直浮现出18万美元这个报价。这个报价才能让我安心，听上去更合理，感觉就很对。于是，我按照自己的预感把报价改成了18万美元。最终，答案揭晓，和我最相近的报价是17.9万美元。"

你的职业生涯中，是否出现过类似的事情呢？

希尔顿很幸运，他能有时间改变他的决定。他也没有陷于执念，认为一旦做了决定，改变想法就是缺乏个性的体现。你过了"临界点"再去改变决定，也许是缺乏个性的体现，但是在"临界点"之前是可以改变的。有句话说得好："明智的人会改变主意，而傻瓜从不改变。"

人们已经发现，任何决定都会刺激深层意识发挥作用。你不知该去法国度假还是去西班牙度假，所以你决定用抛硬币的方法。"正面就是去法国"，你坚定地做出决定。几个小时之后，你发现自己真正想去的是西班牙。只要你还没有把票订好，赶紧改变主意！

通过有意识地对经历过的事请进行回顾，你可以将你的深层意识发展成为强大的工具。相信你的深层意识很重要。你还应该培养一种特殊的内在敏感性，让你能够抓住微妙的信号。不经意间的一些想法就像被风轻轻拂动的一片叶子，让你感知微妙的变化。正如康拉德·希尔顿曾经提道："当有问题出现的时候，我会感知到。我会尽一切努力来搞清楚这个问题。我静静地倾听内心的声音，直至灵光一现，答案就在那里。”

关于深层意识在商业决策中发挥作用的最好实例，我们可以参考汤姆森（Thomson）勋爵的人生故事。在他的自传《在我60岁之后》（*After I Was Sixty*）中，他思考了那些让他在本该退休的年岁中依然能成就杰出事业的推力和技巧：

> 我必须问自己：是什么让我在67岁时有了这种自信、决心和冒险精神？
>
> 长久以来，尤其是最近几年在爱丁堡和伦敦的生活经历让我发现经验在商业管理中的重要性。而我最不缺的就是经验。我可以更进一步地说，要想做好管理，通常必须要有经验。做好任何事都需要实践，而要想做好决策，你需要有足够的决策实践。一个人需要做决定的机会越多，他做出的决定就会越好。
>
> 在我职业生涯中的不同时期，我不得不做出一些重要的决定。在早期，我常常做出一些错误决定。但后来我发现，早期的错误决定和正确决定都对我很有好处。我在伦敦所面临的大部分问题都和我之前遇到的问题在某种程度上相关。很多问题都是大同小异。在很多情况下，我能立即知道问题的解决方法。
>
> 我没法用科学的方法来做出解释，但是我十分确信在我之前的经历中，我的大脑就像一台计算机，存储了问题的细节、达成的决定以及由此产生的结果。一切都被系统地归档，以备后用。然后，当新的问题出现时，我会先思考一会儿；如果答案没有立即浮现，我会再思考一会儿。这种感觉就像一层层地在脑细胞中搜寻，寻找可以检索的指导。转天早晨，当我再次检视问题时，我通常会立即

找到解决方法。这种判断似乎是无意识中产生的。我坚信，在我没有有意识地思考问题时，我的潜意识在反复地处理问题并将问题和我的记忆建立联系。我过去的经历让现在的问题得以解决，过去克服困难的方法被用于现在的问题。我敢肯定，其他年长一些的人也有同样的证据证明大脑的潜意识工作。

你也许会说，这看上去很容易。但事实并非如此。经验并非取之不尽用之不竭，经验的补充并非易事。

世界上最大的企业之一——IBM公司多年以来将一个词作为公司成员的座右铭。每位主管的桌子上都印有“思考”这个词。我们坦诚一点，想想自己有时是多么厌恶思考。思考就是在工作。在一个人的职业生涯开始之初，这是一项很困难的工作。当棘手的问题出现时，只关注问题表面而放弃思考是一件多么容易的事情啊。不去想它很容易，直接将它视为不可解决的很容易，认为一定有别人来帮助我们也很容易。散漫和无结果的胡乱思索成为一种习惯。我们越这样做，就越不会合理地思考问题。

如果让我给出一些建议，我认为如果一个人想要成功，他必须要思考，必须竭尽全力地思考。要一直思考直至所有的方面都被考虑到。相信我，这是件很艰难的事情。据我观察，很少有人能够承担起这项艰苦熬人的工作。但是我向你保证：在早期，你如果接受了这件困难的事情，之后你会发现它并不是那么困难，你的“思维装置”已经被训练好了；你甚至可以像我之前提到的一样在潜意识中进行思考了。早期施加给你“未经训练”的大脑的那些压力已经不存在了，你不需要再绞尽脑汁了，你的“大脑计算机”可以快速地做出决定或在一种放松的状态下做出决定。只有少数非常复杂的问题，才需要大脑长时间地辛勤工作。

很偶然，在读汤姆森的著作时，我同时还在阅读欧根·赫里格尔（Eugen Herrigel）所著的《射箭艺术中的禅》（*Zen in the Art of Archery*）。这是一位年轻的德国哲学家，他是第一个到日本去了解禅宗的欧洲人。为此，他在一位名叫江泽贤三（Kenzo Awa）的大师手下学习了5年多的射箭技术，不断地练习各种各样的拉弓技巧。但他明白要想掌握一门技艺，只掌握技术知识是不够的。技术必须被超越，技艺必须在无意识中自然成长。禅宗显然是强调整体性的，它非常重视深层意识。随着有意识的分析与计算的消退，弓箭手让他的深层意识发挥作用，做出决定。离弦的箭就如从树枝上掉落的成熟果实。汤姆森在讲商业决策时也表达了类似的观点。弓箭大师和商业大师的行为与技艺看起来很简单，但是在这看似简单的技巧背后，藏着他们多年的实践和思考。

小结

长久以来，我们一直知道无意识思维在创造性思维中的战略性作用。而无意识思维在经验丰富的管理者的决策过程中究竟起到何种作用是一个全新的领域，这正是本章我们所探讨的内容。你应该从汤姆森勋爵的建议中提取出以下几点，以供今后反思并指导行动：

◎ 想要成为一名好的决策者，需要你在自己的领域做出很多决策。熟能生巧。当你的实践是基于正确的原理时，这句格言适用于决策制定。

◎ 尽管时间、地点和规模不同，你还要去发现不同决定之间的关系。汤姆森看到了他在加拿大遇到的问题和在伦敦遇到的问题之间的联系。之前做过的那些决定，不管对错，都存储于“大脑计算机”中。他说：“在很多情况下，我一下子就能知道答案。”

◎ 将你的大脑视作计算机。早期的决策和决策的结果都会依序存储于你的头脑中。当解决方法并不明朗时，给你的深层意识一些时间来处理。原则上，经过一段时间的仔细探究和思考之后，接下来要么就是换一个主题，要么就是不采取行动。

◎ 避免精神懈怠。在你的职业生涯中，每个阶段的有意识思考都很耗费心力。你对此要有心理准备。如果你年轻的时候这样做了，你将收获极其强大的深层意识为你带来的好处。

◎ 很少有人愿意付出努力。这是条很有挑战性的评论。但这对你来说可能是个好消息。正如谚语有云：“大多数人会失败，只有少数人才能成功。”

深层意识关键点

◉ 有意识思维的功能——分析、合成、评估——也可能发生于深层意识。你的深层意识也可以分析，就如同你的胃液可以将食物分解为各种元素。

◉ 比如，深层意识可以分析你已经摄入但并未意识到的数据，并将这些数据和你记忆库中以及存档的数据进行比对。

◉ 深层意识不仅仅能够分析，它还和你的记忆以及价值库紧密相关。它还像一个工作坊，在这里，无形的技艺在进行创造性的合成。

◉ 用有机生物体来做个类比：深层意识就像子宫一样，在这里，婴儿被孕育，并且成形、成长。

◉ 深层意识还有个“邻居”，我们将它称为良心，通常以内疚感或悔恨感的形式体现出来。良心的作用很大，因为它会像“红灯”一样提醒你，你的决策可能会导致错误的行动。

即便我们微弱如尘土，不朽的灵魂却在成长；
就如音乐中的和声，
有一种黑暗的不可思议的工艺，
能调和不和谐的元素，
使它们粘在一起；
在一个社会里。

——威廉·华兹华斯

09

选　择

当你的敌人只有两个选择时，你可以确定他会选择第三个。

——俾斯麦（Bismarck）

本章探讨决策或解决问题的第二个关键点。你尽自己所能确认了真相或者事实之后，需要列出可能的问题解决路径或方法并从中做出选择。你需要对所有选项的构成有清晰的概念，并需要知道如何根据你的目标做出最好的选择。

EFFECTIVE DECISION MAKING

1862年9月17日，美国南北战争中，两军对峙于安提坦河，大炮沿着战线轰鸣。北部联邦军安布罗斯·伯恩赛德（Ambrose Burnside）将军下令让军队前进，他们要冲过小河，近距离进攻敌人。伯恩赛德将军选择的路线是从小河上的窄桥通过，这是附近唯一的一座桥。南部同盟军在炮台上指挥控制大桥的炮手们简直不敢相信自己的眼睛。他们用炮弹歼灭了一个又一个团。一时死伤无数，令人震惊。

伯恩赛德将军没有发现靠近自己军队这一边的安提坦河只有3英尺深，步兵或骑兵完全可以安全地通过。林肯总统在谈到安提坦河战役和输掉这场战役的将军时，有些痛苦地说："只有他才会在胜利的关口输得如此惨烈。"

EFFECTIVE DECISION MAKING

伯恩赛德的行动是基于他以为自己只有一种选择。事实上，我们现在知道他是错误的。他没有进行彻底的侦察。他的决定建立在对自身处境的错误理解上。

同样，商业历史中很多灾难的发生也是由于没有考虑到所有的选择。“我们不能提价”“我们不能承担工人罢工的风险”“我们负担不起增加5%的工资”，我们总是在排除那些可能造成某些不便的其他选项。有时，我们排除的不仅是那些可能造成某些不便的选项，还有那些我们没有想到的选项。“我从没想到这点”，类似这样的话不绝于耳。

考虑到所有的选项需要对有关情况进行信息搜集。当你详细调查某个情况，分析它和过滤它时，你会看到比较明显的可选行动。在思考的第二个阶段，当你了解了问题或情况的本质之后，你会把你的脑力转移到一个新的战线：对之前的选项进行复审，也许还会增加新的选项。

开发系列选项

在这个阶段，你很有必要了解自己到底在寻找什么。你寻找的不是全部选项。寻找全部选项会造成犹豫不决。举个国际象棋的例子，你可能认为计算机会计算游戏中的每一步可能的移动，事实并非如此。一场普通的游戏需走25步，如果计算机平等地考虑每一步可能的移动，它必须计算无数种（1后面有75个零）的移动组合。假如计算机每秒能计算100万步，那它需要比我们整个行星系统的历史还要长数百万倍的时间来计算所有的可能性。所以，计算机其实也和你我一样，只考虑有限的移动步数。计算机的弱点在于缺乏评估这一类属功能，而象棋大师能立即就判断出哪些步骤是可行的，是需要考虑的。

“可行”很重要，了解哪些是“可行的”可以为你节省时间。当我们审视每一个选项时，清楚自己要什么十分重要。“可能”是一个更宽泛的术语，它涵盖了在形势的限制下所能做的一切；而“可行”的范围缩小了一些，指那些可以用现有的资源来完成的“可能”。

你可能还记得，逻辑学家分析三段论的方法是把它们简化成一个框架，用字母或者代号来代替每一部分，以便更清楚地看到它们之间的关系。在这里我们可以使用同样的方法。

首先，要在很多的“可能”中找到“可行”。把你自己想象成为钱币商人或者钻石商人，你在别人的藏品当中快速筛选，找出五六个值得购买的。

然后，你需要使用排除法。这个过程如下图所示：

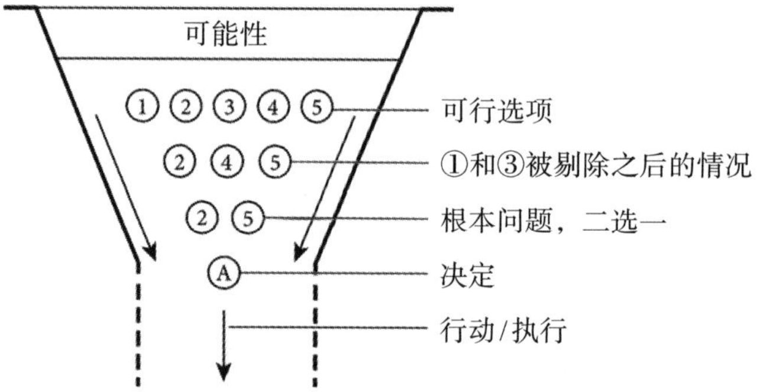

排除的过程

不管是根据常识还是正统科学，反驳比证明更加容易。理论上，你不能对任何事做出完全终结性和概况性的证明。但是，为了某种具体的实际目标，只要你能足够接近真理，让每个人都信服，你是可以证明某事的。科学研究就是不断发明新的测试方法用以证明或反驳各种假说。对于一个所谓已经被验证的假说，诚实的科学家只能说它在迄今为止所有的测试中都被证明是正确的。

当一位女士向爱因斯坦表示恭喜，祝贺他的某个天文观测似乎证明了相对论时，爱因斯坦说："女士，1000个实验也无法证明我是对的，而一个实验就可以证明我是错的。"

你找到可行选项之后，要尽快将他们缩小为"二选一"的选择。但是同时要牢记一句谚语：欲速则不达。

严格意义上来说，"二选一"的两个选项之间是互相排斥的。是娶玛丽还是娶简？在我们的社会中，你不能两个都娶。在我们最终将选项范围缩小为两个之后，首先，你要仔细想想最后的两个选项是否都真的可选。毕竟，它们是你经过各种深思熟虑最终选定的，说明你是认可它们的。事实上，如果它们是两个最差的选择，你可能早就将它们剔除了。这种情况下，你可以使用"试错法"，或者以别的方法将两个选项结合。

"无为"有时胜"有为"

如果最后的两个选项都让你不满意，同时你又无法找到一个让自己满意的折中之法，这时你需要问一问自己：我真的需要采取行动吗？"什么也不做"这个选择值得你考虑。有的时候，治疗会让病情变得更糟。但是，做出"无为"的决定需要非常合理的理由，而不是因为你别无他法。

一切处于变化之中，如果没有任何明显的赢家，也没有目标达成和可执行性之间的折中方案，那么你可能会选择保留你的选择权。尽可能地暂不选择、保留选择权是一个可圈可点的策略。

选项检查表

经常问自己和同事这些问题：

◎ 有限条件下，哪些选择是可行的？

◎ 可行选项中，哪些是最终“二选一”的选项？

◎ 这两个选项是互相排斥的吗？我们能否两个都做或者将两者有创意地结合在一起？

◎ 如果我们在两者之间折中，和我们选择其中一个相比，是否会更好地达成我们的目标？

◎ 如果什么都不做，会不会更好？

◎ 在何种情况下，我们应该当机立断，而不是长时间的保留选择权？

你也许会反驳，很多时候我们没有足够的时间来按步骤做出筛选。但即便在最紧迫的情况下，你最好也要认真检视那些最有可能的选项。

练习8：选择问题

你是从伦敦飞往加拉加斯的BA507航班上的工程师。在3万英尺的高空，飞机的4个引擎全部无故停止工作。你该做什么？

（a）猜测一下原因，之后采取行动。

（b）按照标准检查表排查故障。

你选择（b）。按照检查表逐项排查之后，你还没有找到引擎故障的原因。你现在处于8千英尺高空。接下来你该做什么？发出呼救信号？修复降落伞？

（你有1分钟时间来回答这个问题。你想出答案后，可以参考第163页的答案。）

依靠直觉的思考者通常会跳过有意识的选项排除过程，直接到达“二选一”的阶段。希特勒的密友之一，阿尔伯特·斯皮尔（Albert Speer）注意到了希特勒的这种倾向。希特勒身边亲近的人甚至当着他的面以此开玩笑，而希特勒并没有觉得被冒犯。他的一个秘书经常当着他的面，学说他的口头禅，“有两种可能”。她会说：“有两种可能。要么下雨，要么不下。”

希特勒不能系统地考虑军事局势，对身边可以系统考虑局势的将领和参谋人员也日益不信任，再加上压力对他军事天赋的影响，这些都让他逐渐迷失了自我。

错误的假设：以史为鉴

一旦你对某个问题或情况的明显局限性有了一些了解，你就应该将它们置于现实中检测。这是一种评估性思维：它们是真的局限吗，还是假的？将这些弄清楚需要一些体力劳动。如果伯恩赛德将军进行了充分的实地考察，他会发现安提坦河并不是士兵行军的真正限制，士兵是可以轻易通过的。

军事史中不乏这样的例子：将军们殚精竭虑，却对所处情况的限制因素做出错误的假设。早期，在拿破仑进攻意大利之前，他读了很多著作。作者们在这些著作中反复提出带领大军在寒冬穿越阿尔卑斯山脉的不可行性。拿破仑的参谋官们也同意书中的观点。但是，拿破仑是一个善于独立思考的人，他挑战了这一观点：

> 对于穿越高山而言，冬季并不是最不利的时节。冬天的时候，雪已经固于地表，天气也较为稳定，不用担心雪崩了，而雪崩是穿越阿尔卑斯山脉唯一真正的危险。在高山上，12月的天气还算是不错的：干冷、平静。

EFFECTIVE DECISION MAKING

20世纪30年代，英国帝国总参谋部花了很多时间来想办法保卫英国在远东的殖民地。他们把新加坡岛作为堡垒，建造强大的重炮部队，使其在海上坚不可摧，建立巨大的海军基地，以保护在战争期间将被派往那里的舰队。很少有人花时间去考虑新加坡可能会遭到对岸敌军穿过堤道发起的陆地袭击。英国军事规划者认为，马来半岛的山地丛林对于现代军队来说是无法逾越的。英军也没有在防空上花太多钱，因为海军上将们认为飞机不会对军舰造成太大威胁。

1941年，作战计划被付诸行动。“威尔士亲王号”和“击退号”两艘战舰被派往远东，以压制日军。然而，让英军的将领们感到惊讶的是，日军并没有在英军炮火前迫降，而是选择在北方的大陆上迫降。两艘英国战舰起航拦截入侵舰队，但都被日本飞机击沉。日军轻松地穿过丛林向南进攻，从向陆侧进攻新加坡。由于指挥失误，城池几天之内就沦陷了，1万名英国和澳大利亚士兵沦为战俘。用丘吉尔的话来说，这是“英国历史上最大的投降”。

同样，商业世界充满了对限制因素做出错误假设的公司。日本“入侵”英国摩托车业就是一个例子：英国摩托车业的公司认为竞争对手只存在于英国内部。

影响管理者选择的一些限制

了解从哪里入手找到限制因素会帮助我们节省时间。在特定情况下，我们应该重点关注如下四个关键领域中有可能产生的限制因素：

时间

在任何决策情境下，你问的第一个问题应该是："我们有多少时间？"我们真的有这些时间吗？为什么时间不能再多一些或者再少一些？检查一下这个限制的真实性，尤其是当别人为你设定时间限制的时候，他们也许会对可用时间做出错误的假设。如果我们有更多的时间寻找解决方法，很多问题是可以被解决的。但是，这需要耐心，而耐心通常是很多管理者缺乏的素质。

信息

没有一个决策者会掌握他/她所需要的全部信息。某种程度上，我们需要做出一个判断。因为对信息的追求遵从于收益递减法则。最开始，你可以短期内获取大量的信息；逐渐地，搜寻信息需要的时间和精力越来越多，而所得到信息的相关度却越来越低；到了某个点之后，当你判断获取更多信息需要耗费的时间和金钱过多时，这个点就成了某个特定情境的限制。

资源

资源有很多种。对于一名管理者来说，最常见的资源就包括你可调用的资金。记住"机会成本"这个词。如果你使用资源是为了获取机会成本，你将从别处减损你的资源；换句话说，你将在另一个领域得到限制。机器是另一种资源。如果你的机器一周只能生产500件产品，那么承诺客户一周供货1000件是没有好处的。

知识

在所有关于企业多元化成败的研究中，有一个因素很突出：管理者的知识。这既包括所从事行业领域内的专业知识，也包括管理学知识——领导力、决策制定、沟通等。如果你的管理经验和素质有限，那么这也限制了你的尝试和努力。

生成更多的选项

决策代表真正的选择。在一定的时间和空间的限制下，你的可供选项越多，你的决定可能会越好。

即使在真相确定之后，似乎只有一条路可走，一位经验丰富的管理者也会在脑海中反复思考，看看是否还有其他选择。如果太早地关闭思维，那么所谓好的选择会阻止最佳选择的出现。

在这里，我们又需要想象思维了。我们必须严格区分无意识的假设（也许是对的，也许是错的）和有意识的假设，有意识的假设可以被我们用作想象思维的阶梯。

> 假如我们多了100万英镑，那我们该怎么办？
> 假如工会不反对这个计划，我们该如何执行它？
> 设想一下，如果董事会同意了……

有时，我们可以利用想象力来构建假设，以检验其他假设。

EFFECTIVE DECISION MAKING

回顾一下我们之前章节讲过的美国入侵古巴失败的“猪湾事件”，时任美国国务卿的迪安·腊斯克（Dean Rusk）回忆说，肯尼迪总统对古巴流亡者的实力产生了完全不切实际的想法。腊斯克说道：“我应该告诉总统我们也许应该启用美国部队。我应该让他去询问部队指挥官。我应该提醒他去问问部队，在进攻古巴之前，应该准备些什么——需要什么样的空军支援、陆地布局以及海军后援。如果我们考虑到了这种假设，我们就不会犯那样的错误了。”

当你考虑如何使用现有资源时，创造性的想象思维会发挥更大的作用。你的大脑很容易被一些心理学家所称的“功能性固定”所支配，即倾向于看到与某一特定功能相关的事物。传统思维接受这些假设：锤子的作用就是钉钉子；军营是用来安置士兵的，如果没有士兵了，就要把军营拆除。在孩子们被“功能性固定”所支配之前，他们在玩耍时更有想象力。一个物品对他们来说有多种用途。假日露营的由来是个很好的例子来说明想象力的作用。

比利·布特林（Billy Butlin）是个马戏团演员。当他在1946年看到很多废弃的军队营地时，他就想到把它们用作假日露营的营地。他甚至保留了他在营地里发现的军队扩音广播系统。虽然他被告知这行不通，但布特林的度假营地在满足英国人民的度假需求方面发挥了重要作用，特别是在廉价海外度假套餐时代之前。

我们可以用想象思维来克服“功能性固定”。在这个过程中，你要人为地限制或约束大脑批判性的、分析性的、推理性的功能，让大脑的“分析仪”稍候片刻再发挥作用。让你的思想摆脱它惯常的束缚，让它在你所选择的领域里自由地飞翔。

当提到尝试思考、开发新选项时，有两种人。第一种人在面临新想法时，会以一种特别明显的消极方式应对。经过清晰的、有逻辑的思考，他们很快就会否定新想法的正确性或者可行性。第二种人的反应不同于第一种人。他们不会太认真地去思考新选项本身，他们会预测如果这个新选项被付诸实践，会产生什么样的结果。由于新选项的创新性，他们有一种冲动，希望这些新选项被证明是正确的。

创造力的生成条件似乎包括愿意支持新思想、理解新思想，愿意探索新思想的可能性。这也类似于之前讨论的对待批评的态度。这种态度包括了对那些重要而值得批评的思想的强烈关注，批评让这些思想得以完善或拓展。

所谓的“中止判断原则”，是头脑风暴的核心。这时，对于各种想法的评估被刻意停止，直至通过头脑风暴产生足够的想法。但其实，早在1927年，也就是亚历克斯·奥斯本（Alex Osborn）发明“头脑风暴”的同一年，人们就已经认识到创造性思维中过早进行评估所造成的障碍。约翰·席勒（Johann Schiller）是著名的德国诗人。他早年曾受训成为一名律师，后成为一名军医，1788年退休前在耶拿大学担任历史学教授。他曾在给朋友的书信中写道：

你抱怨自己不够有创造性。在我看来，原因在于你的理智对你的想象力设置了限制。这是基于我的观察，我打个比方来说明。如果理智过于认真地检视大脑迸发出来的想法并将它们“拒之门外”，很明显，这是不利的。事实上，这会阻碍头脑的创造性活动。因此，你经常抱怨成果缺乏，其实是你太早地拒绝新想法以及太严格地甄别新想法所造成的。

对于新想法的消极批评或者建设性批评可能都不够成熟，但是能够区分两者还是有益的。消极的评论家就像一个水下渔夫，配备着枪和各种飞镖，对搅动你大脑“汪洋大海”中深层思维的“任何一条鱼”发动攻击。比如：

◎ 我们以前试过这种方法。
◎ 我们还是回到现实吧。
◎ 我不喜欢这个想法。
◎ 理论上是个好的想法，但是无法操作。
◎ 这会让我们成为笑柄。
◎ 你是从哪里挖到这么个想法的？
◎ 这个方法从来没被尝试过。
◎ 这个想法在这里不适用。
◎ 它不可能被完成。
◎ 我们以前也常常这样做，但是没用。
◎ 花费太高。

真正的建设性评论家会对任何涉及价值判断的事物，如事实、美丑或工艺质量等，表达合理的意见。他能意识到它们的价值。当这样的评论家提出某些方法，可以为你关注的事请或者想法增加某些附加值时，建设性批评就发挥了作用。

评估结果

结果是理性决策制定的核心。但是，当你仔细检查结果时，会发现它不受精密计算的影响。

原则上，你对一种情况越熟悉，你越能判定它的结果。另一方面，别人的经验也会给你提供线索，这就体现出历史的重要性。必然地，情况越新，你越不可能预测它的结果。

不是所有的情况都是出现过的或者你熟悉的(至少对某些人来说)。每种情况，至少在某种程度上，是独一无二的。历史既会重演，也不会重演。所以，预测结果是一件十分困难的事情。

1965年，美国人决定对越南北部发动战略轰炸攻势。所以他们需要在越南南部的西贡附近建立空军基地。为了护卫这些基地，美国派出3000艘军舰。但美国海军陆战队向来是具有侵略性的。指挥官们没有围着基地被动护卫，而是决定采取积极的政策，主动出击。不久之后，美方不得不派出大量增援部队并由此进入一个越派越多的循环。

这种对后果漫不经心的思考非常普遍。这次事件成为历史讨论的焦点：美军当时能否预见到这种结果呢？还是他们必须选择那样做？这些是承担责任与避免责难的问题，涉及我们区分理由和借口之间细微差异的能力。我们最好提前充分考虑到可能存在的和可能发生的结果。提前考虑得越充分越好。

概率的重要性

你对结果考虑得越多，有可能你就越不愿采取行动。幸运的是，对我们来说，在任何一个时间，我们都不可能预见每个选项产生的所有明显的和隐藏的结果。在某种程度上，我们必须冒险。在商业决策中，通常风险越大，有可能产生的回报也越大。这个原则值得我们牢记。风险是决策不可或缺的一部分。所以，我们有何准则可循呢？

首要的原则就是值得承担的风险都是经过仔细计算后的风险。这意味着你需要做出非常全面的努力，运用你的想象力以及所有相关的量化方法，尽可能精确地计算出所涉及风险的性质和程度。然后，你才有能力通过审慎的远见和应急计划来安排部署，尽量降低风险。保罗·盖蒂曾说过：“不管我进入哪一个行业，我首要思考的问题都是如果出了差错，我该如何自救。”

潜在的利润中必然暗藏着风险。举个例子，一个成功的投资银行家会确保在他的资本风险投资中，上行潜力要远远超过下行风险。如果他在任何一项投资中都能做到这点，他的投资资本和银行储存资本将成倍增长。即使某项投资完全失败，只要他谨慎行事，银行损失的钱也不会超过投资的钱。关键因素在于在每次的投资中都要把握好赔率；只有当上升潜力相对于初始金额较高时，才进行投资。

有心理准备去接受准确测算出的失败后果，就表明你已经合理地探索了决策中的各种风险因素。问一问自己：最坏的可能是什么？如果失败是必然的，我可以接受吗？提出这些问题与回答这些问题都会在很大程度上缓解抉择的艰难。

以各种系统的方式来探索可选方案的结果，使用图表和数学运算来测算概率，这些都是可以在商学院学到的。但我怀疑是否有超过1/10的管理者在工作场合真正使用过它们。然而，要尽可能地探索概率这一原则是正确的。当今，这项工作在很多时候已经由计算机辅助完成，但是计算机不会帮助你做决定。记住，你能处理的只是预估的概率，因此，结果取决于你的判断能力。然而，如果你对这种预估存在质疑，那就尽可能彻底地检验它们。

小结

决策的核心是从一系列选项中搜集信息、评估和做出选择。如果只有一种可选路径，我们就不需要决策。被你列入考虑范围的选项应该是可行的。通过排除法，系统地减少选项直至最终只剩下两个选项，这是十分有用的方法。在这个过程之前和过程之中，你搜集到的相关信息越多，整个过程就会越容易。

在考虑选项时，高效决策最大的敌人就是对自己的局限或者对手的局限所作出的错误假设。你对于自己能够支配的东西应该有一个客观的认识：时间、信息、知识、资源。对事件的真实情况也要有冷静客观的认识。

当我们认为有必要生成新的选项时，这种分析性、评估性的思维要给创新思维让路。这时，你和你的同事需要推迟决断。不要让批评和否定将新想法消灭于萌芽。

然而，即便最具创意的想法或者行动方案也需要我们尽量客观地评估和预测它们可能产生的结果。事实上，决策就是要通过权衡各个选项可能带来的结果来做出决定。不但要考虑短期结果，也要考虑长远结果。如果这个决策能够实现我们所在组织机构的目标和宗旨，那么这就是我们所期待的结果。

很多决策都无法规避风险因素，尤其是在商业领域中。我们应该仔细地测算风险。计算机可以在越来越多的情境中辅助管理者，但是它们只是人类判断的辅助工具。在考虑风险可能带来的收益时，我们还必须关注风险有可能招致的损失。承诺控制（说“不”的能力和意愿）至关重要。概率评估可以指导你的行动。如西塞罗（Cicero）所说：“概率引导智者的决定。”

选择的关键点

◉ 选项和“二取一”的抉择不同。缺乏技巧的决策者会很快地跳到“二选一”这一步。他们没有花费足够的时间和精力来生成至少三个或者四个的可能选项。

◉ 你需要持开放态度，认真地考虑所有的可能性，这需要创新思维。但是在生成更多选项之后，你需要运用大脑的评估功能来鉴别每一个可行的选项：哪些是现实的、可以付诸行动的。

◉ 在你考虑选项的时候，丢弃一个选项比保留它更容易。换句话说，我们总是更了解自己不想做什么而不是自己想做什么。

◉ 在你考虑选项时，要时不时地问问自己：是否因为某些选项或行动方案过于明显，反而忽略了它们。

◉ 要常常审视你的假设，你对它们的认识越清晰越好。

◉ 原则上，如果你积累了足够的信息，可能你就不需要有意识地做出决定了。决定似乎就存在于你的脑海中。如果这时没有出现其他的可替代选项，那么你就能相对容易地决定该做什么。

客人在决策旅馆里睡得很香。

——阿拉伯谚语

10

争 辩

人类所有激情中最微弱的是对真理的热爱。

——阿尔弗雷德·爱德华·豪斯曼（A.E. Houseman）

“先生们，我发现我们的决定完全一致。”通用汽车公司前总裁阿尔弗雷德·斯隆（Alfred Sloan）对董事会成员说。他的高级经理们点头表示同意。斯隆接着说道：“那么，我建议我们先暂时搁置对于此问题的进一步讨论，留出一些时间来思考对此问题的决策是否有分歧，也许这样一来我们会对此问题产生一些新的理解。”

几个世纪以前，莎士比亚表达了同样的意思：“理所当然的伟大需要经受伟大的争辩。”莎士比亚所说的“伟大的争辩”指的是针对各种不同的行动路线给出支持或者反对的理由，是一场高质量的辩论。这种“争辩”正是斯隆认为他的董事会所缺少的。

每个人和别人商量事情的方式都有所不同。有一些领导更喜欢辩论式的风格。

撒切尔夫人和丘吉尔一样，都是直觉型的领袖，个性很强。她喜欢独立思考，得出坚定的结论。他们的优点是有坚韧的毅力。这样的人不会轻易改变观点，对自己的信念坚定不移。他们也许不是好的倾听者，但也是可以被说服的。让人感到矛盾的是，有些领导似乎是“很好的倾听者”，总是向你微笑、点头，很专注地听你讲话；然而，他们却是不能被说服的。他们只是在演戏。

如果你想让丘吉尔式或者撒切尔式的领导改变他们的观点，你必须要准备好坚守立场、据理力争。也许，你甚至需要大吼几声。不管你的音量高低，你的理由必须绝对强大或者足够令人信服，才能让你的领导从某种程度上根深蒂固的想法中跳出来。因为直觉型思考者过于依赖他们的深层思维，他们对你论点的暂时性保留意见未必代表你劝说的失败。你的论点在热烈喧闹的争辩中可能被“痛扁”，但几天后，随着他们深层思维的运行，你的论点可能会在他们脑中浮现。

争辩式风格在组织机构中不是唯一的风格，也未必是最好的风格。它有它的缺点。不同意见之间的消耗战可能会给组织成员带来很大的压力。在激烈的冲突中，有些不该说的话也被说了出来。这种风格需要高度的互相信任以及强大、有说服力的团队成员。

另一方面，争辩会刺激肾上腺素的分泌，它可以极大地刺激我们的大脑，使之兴奋。这是管理学教科书中所提倡的冷静推理所不具备的。争辩这种方式能激发团队成员或同事更加积极主动地提出自己的建议。

在激烈喧闹的争论和冷静理智的推理这两极之间，还有许多立场供你选择。你也不必僵化地拘泥于这个范围内的某一点。在一些情况下，你可能想针对某个坚定的观点提出抗争；在另一些情况下，你可能更需要一种讨论的氛围而非争辩的氛围，参与成员都没有倾向性地、客观地对每一种可能性提出赞同或是反对的观点。选择哪种方式部分取决于所处情境，部分取决于所考虑的问题，部分取决于你的脾气秉性。

检查自己的思维方式

◎ 你是一个争辩型的思考者吗？你喜欢以争辩的方式和别人讲理吗？

◎ 你是一个讨论型的思考者吗？你希望参与讨论的各方都没有坚决的立场吗？

◎ 你能根据其他人的风格灵活地调整自己的方式吗？

不管你采取何种方式或者受何种方式所驱动，你应该记住争辩的最终目标不是争一时之胜负（顺便再提一句，冲突式推理模式的缺点之一就是会引发胜负之争。这种模式会挑起成功者身上常见的竞争心态）。

争辩的目标在于探究真相，或者至少是对于焦点问题或者选项的进一步厘清。争辩（argue）这个词起源于拉丁语arguere，意思是“弄清楚”。本质上，争辩应该是一个理性的过程，是对拟议行动方案结果的筛选或是对多个拟议行动方案的筛选。这样一来，支撑或者推翻论据的“资产负债表”可以被有经验的、不带偏见的人清楚地理解。

让人不能接受的是组织生活中完全没有讨论、辩论或争论。因为理智的人们总会对某些事情产生合理的分歧。在争辩中，最重要的是争辩的目的和质量，而不是参与者的个人风格。

最高效的争辩通常是由有理性的人们组织的，他们希望通过争辩来弄清楚自己应该相信什么或者做什么。他们可能清楚要讨论的问题，但不是完全清楚或者完全确信。他们想听听其他的声音。本质上，他们愿意接受改变，愿意接受那些经证据证明更加合理的观点。基于共同目标，只要权衡了结果且论据充分，他们愿意接受任何观点或者采取任何拟议的行动方案。

争辩这一概念的来源应该归功于希腊人。修昔底德让雅典最著名的政治家伯里克利（Pericles）说出了这样的话：

> 我们认为，行动的最大障碍不是讨论，而是缺乏在行动之前通过讨论获得的知识。因为我们在行动之前有一种独特的思考能力；而其他人因无知而勇敢，却在思考时犹豫不决。

在雅典黄金时代的传统中，约翰·弥尔顿（John Milton）坚定地认为争辩是上帝赋予的方法，理性的人通过这种方法就真理达成了共识。在英国内战期间写的一本小册子中，他抗议议会实行审查制度，写道：

> 很多东西我们还在学习中，所以在这个过程中必然存在着很多争论、很多著作、很多观点；想法生成的过程就是知识创造的过程。在所有的自由中，请给我自由去了解、去发声，去根据自己的良心自由地辩论。

当然，弥尔顿坚信真理是客观存在的，他认为我们总是质疑真理能否获胜。他说："让真理和谎言纠缠吧。在自由与公正的对抗中，谁说真理一定会输呢？"

如何不出错

自由公正的理性辩论需要一些规则，需要一些所有成员都接受的标准，需要对真理的共同承诺。这样会减少错误、谬误或故意欺骗。如果你鼓励不惜一切代价都要赢的这种心态，可能会有些人故意违规。很多阴谋诡计就出于这种必须要赢的动机。但同时，你也要警惕敷衍了事。有时候我们不小心就会陷入谬误、失误和陷阱。下面我列出一些可能会犯的错误供你参考，现实中的情况可能远比这要复杂多样。

对人不对事

罗马雄辩家说的“人身批评”（Argumentum ad hominem）指的是针对个人提出的争议，而不是出于对客观情况的公正论证。例如，故意激怒或吓唬和你谈话的人，让情绪影响对方的思维过程。在拳击比赛中，你常会见到对抗双方以这种方式试图“逼疯”对方。以故意冒犯或傲慢的方式对待对方，取笑他们明显的短处，这可能会让对方思绪紊乱。一旦你看透了这种小把戏，补救起来就很容易。不管对方有多么的恼人，你最好控制住自己的脾气来说服他们。

这种“对人”的方法还有很多，利用人类的感性和软弱，展开争辩。下面列出一些例子以及它们的拉丁语来源：

Argumentum ad crumenam	用金钱损失威胁听者
Argumentum ad ignorantiam	利用听者的无知展开攻击
Argumentum ad invidiam	利用嫉妒或偏见展开攻击

几乎所有诉诸情感的争辩，比如使用带有情感偏见的词语，都属于这一类。

类推

这种不属于把戏伎俩，而是争辩中潜在的陷阱。隐喻或明喻形式的类比对于理解一个不熟悉的话题（参见第11章）和作为进一步探究的指南是有用的。但是，我们要经常地检测它的可信度。比如，类比可以被用来“暗示”一个结论，但不能被用来“建立”一个结论。

类比常常与推论联系在一起，推论的基础是假定已知在某些方面相似的事物也会在其他方面相似，尽管我们对这些事物的知识可能有限。举个例子，如果一个产品的发展在某些方面类似于一个人的发展，那么产品也会随着时间的推移，变得衰弱直至死亡。

类比建立在相关或表面无关现象之间的相似性之上。但是只看这些相似的点会使你看不到分歧或差异。如果仔细推敲，类比可能会不成立。对此要进行详细研究，并指出它在哪里出现问题以及为什么会出现问题。

比如，“每个人都在同一条船上”和“每个人都在做”这两句话暗示着与其他国家、社会、组织或个人的类比。出于同样广泛的原因，其他国家可能也在同一条船上。但是在显微镜下，他们的“船”是不同的，他们的管理是不同的，他们的民族特点和情况也是不同的。这些不同是我们很容易忽略的。

“每个人都在做”这个论点通常是明显错误的假设。此外，在涉及道德的争论中，“发生次数”或“有多少人在做”这种基于数字的论据并不能算数。

合理化

有原因或借口吗？这个问题引导人们去辩解，为我们的行动找到冠冕堂皇的理由。有人说，伪善是“恶”对“善”的颂扬。同样的，合理化是“非理性的自我”对“理性”的颂扬。

合理化可以是一个正当合法的活动。你也许基于直觉做出了一个决定，然后努力使之符合理性原则。

从贬义上讲，合理化意味着赋予事物某合理属性，比如，为自己的行动赋予理性可信的动机而不去分析真实的动机（尤其是潜意识中的动机）。比如找借口，借口是做出某行为的貌似可信却不真实的理由。

你处理自己的问题的时候，能区分开理性理由和贬义的“合理化”都很困难，更不要说处理别人的问题了。有一个策略可以使用：在不需要给出理由的时候，不要给出理由。比如，你不需要通过“讲理”的方式来证明你对某人的爱。“爱”只能被感受，无法被证明。约翰·亨利·纽曼（John Henry Newman）曾说过：“在不需要给出理由的时候给出理由，就是在刻意合理化自己的行为。”他还特别提醒管理者注意：“每个人都有自己的行事法则，但未必每个人都能说出他们的行事理由。”在争辩中，头脑灵活、善于表达的会占优势。但是一个明智的人会感知并理解那些行事有理却不会表达的人。

通常，任何形式的谈判都会伴随着“有理有据”与“强词夺理”的交互混杂。有经验的管理者，就如同法庭的法官，能够将两者区分。当然，前提是管理者本身是公正的、不依附于任何一派的。

有一种特别难以发现的合理化形式，即投射。人们将自己的动机和观点“投射”到他人身上。比如，一个愤世嫉俗或自我本位的人常将他的想法和动机强加于他人。即便你发现并指出了这种状况，基于对他人并不专业的心理分析得出的论点也很难有说服力。这种情况下，不发表意见是一条很有用的策略。姑且假设一下和你打交道的人也和你一样理性。

最有害的一种合理化叫作“推卸责任”，也就是说把责任推给别人。

比如糟糕的木匠会抱怨他的工具。推卸责任的极端形式就是把某些人或某个群体当作替罪羊。能力不济的管理者会认为他们的上司、同事或团队成员缺乏能力，却从不在自己身上找原因。商务会谈中，想要隐瞒自身不足的管理者常用的辩护方式就是质疑数据的准确性。

得出无关结论

逻辑学家将这点称为“文不对题”，它意味着对所讨论论点或问题本质的忽视。在电视采访中，你常会发现这样的操作。它的谬误在于人们试图证明或反驳的事情在严格意义上与所谈论的问题无关。举个例子，如果谈论的问题是“我们是否该向中国销售我们的产品”，而你却一直在证明我们的产品在日本卖不出去，那么，你就犯了这种错误。这就像说，B对，A就对；而事实上，A并不遵循B。这是一种“不当结论”。不当结论通常会以未被证明的原因作为假设。因此，说今年夏天会因为年轻人失业率高而发生骚乱是不合理的，因为这是假设，而不是被证明的原因。不当结论还有一种表现形式，即混淆“因果”与“序列”，认为后发生的事情一定是由它之前发生的事情造成的。

分散注意力、无关转移和不当结论都有很多的表现形式，你需要快速地发现它们。当有人有意识或下意识地试图把整个讨论转移到一个次要问题上时，你要十分注意。不要理所当然地认为在一个微不足道的点上击败了对手，在争辩的主要问题上你就大获全胜了。要警惕不相干的反对意见（特别是在细节问题上）以及以幽默形式表现出来的长时间的话题转移。

对无关行为和转移注意力行为的补救方法就是不断地重申所讨论的关键问题。

归谬法

归谬法指的是试图从论题或拟行动方案本身推演出的一些有悖常识的论断来驳斥论题或拟行动方案。它还可以指通过断定与论题相矛盾的判断（即反论题）的虚假来确立论题的真实性。所以，归谬法是“推理游戏”中的一种策略。

举个例子，如果你认为你雇佣的劳动力越少，你所付出的成本就越低，因此为了完全符合成本效益，你根本不应该雇佣劳动力，你就是在使用归谬法来说服其他董事会成员。将一个论点带入它的逻辑结论中通常会产生无稽之谈。

顺便提一句，古希腊数学家欧几里得经常使用这种方法，通过断定反论题的正确性来证明论题的荒谬性。

无决定/无行动争辩

“双方说的都很有道理，所以没有办法根据任何一方的建议做出决定。”你越聪明，往往越容易陷入“无决定/无行动争辩”的陷阱。

正如一个愤怒的政治家曾在英国议会上所说的：“有人应该提醒首相，‘时机不成熟’是不言而喻的，形势总是不明朗的，问题是永远无法得到精准定义的，只依着这些道理，往下推进永远是不明智的。”

董事会或管理层会议上，这种情况也很常见。你是否听说过下列“论断”？

◎ 留着等我们不那么忙的时候再说。

◎ 我们还没太准备好。

◎ 我们先暂时搁置一下这件事。

◎ 我们再考虑考虑。

◎ 我们成立个委员会再研究研究。

◎ 这个问题还需要进一步考虑。

◎ 我们先做个调查。

◎ 我们成立工作组，调查整个地区。

这些回应也许都是真实的。有位东方的圣人曾说过：“如果犹豫，就先不要去做。”这有时是个很好的建议。但是，这些回应可能是管理者在需要做出决定时，面对两个或者多个选择不愿意做出任何决定的一种逃避方法。

我们终究是要采取行动的，对于多方声音的认识与领会不应该阻碍我们判断真理或智慧的平衡点并以此判断为依据采取行动。我们应该整体考虑，做出对大局更有利的决定。

还有一种思路和无决定/无行动争辩紧密相关：我们先不要处理X（X是公认最需要关注的问题），因为现在还有一个Y问题需要我们关注。善于使用这一伎俩的人可以以此论点作为借口逃脱做任何事。举个例子：因为我们对中亚地区的饥饿问题尚且无能为力，所以我们先不必费心去解决格拉斯哥的贫困问题了。这种不实的论点反映了一种限制性的“非此即彼”的思维方式。如果X和Y都是邪恶的，那么它们都应该被处理。同样，如果X和Y都是善良的，那么它们应该同样被鼓励。

无决定/无行动争辩的补救方法在于首先要认清“不做决定”是很多情境中的无效选项。

面对相互排斥的选项，你可以做一个三向选择：

1. 选A

2. 选B

3. 退出

如果选择退出明显是一种不充分的应对，那么你必须通过选择A或选择B来解决你的困境。如果怎么选都差不多，那么你选哪个不重要，重要的是你要做出选择。

在类似的情况下，很多人会选择抛硬币来决定。曾有一些这样的事例，人们通过抛硬币做出决定之后，突然意识到这个选项不是他们想要的，因此，他们选了另一个选项。我们之前提过，这是我们的深层意识在发挥作用，给了我们一些迟到的暗示。只有在实在选不出任何选项时，无决定/无行动争辩才是有效的。

"所有"和"一些"

真正基于正式三段论的、十分合乎逻辑的论点在董事会会议中并不多见，以理性的名义提出的谬论却层出不穷。很多这样的谬论是用先归纳再演绎的方法得出的。

当然，很多的归纳是正确的，我们可以将它们进行演绎。"所有人都是被生出来的"这个结论是正确的，因此，"如果他是人，他一定是被生出来的"也是正确的。但是，大部分的归纳是让人存疑的。比如，"所有的蓝领工人都很懒散"是错误的，同样，"所有的管理者都追求利润的最大化"也是错误的。

为了辅助我们更清晰地认识问题，我们可以在论断中加上"倾向于"或者"更有可能"这样的词语。你可以说，"女人往往有直觉"，但不要说，"所有女人都是很有直觉的"。现在人们通常不太喜欢温和派，也不反感媒体的夸大其词，但是你说得更清楚一些总是有好处的。谨小慎微不仅仅是学术上的严谨。太多的情况下，决策是基于对真实情况无根据的论断或假设。思想在"一般"和"特殊"的两极间来回游走，试图尽量准确地把握两者之间的关系。

“通过选定的实例进行证明”是“所有与一些”这种谬误的变体。很多不实论断的得出都是选择对自己观点有利的实例来说明问题，同时忽视那些对自己观点不利的实例。

“所有与一些”谬误的另一种变体从个人推论出发得出结论，这会给家庭和职业带来无尽的麻烦。比如，不是客观地说“你已经迟到了三次”，而是说“你总是迟到”。这种以“总是”和“从不”为标志的、为了强调问题而使用的夸张论断让你远离真相。

使用统计数据得到的论断尤其容易陷入“所有与一些”的谬误。因为，能否从样本中恰当地得出结论通常是不明朗的。如果现在波士顿的3986个人早餐更喜欢享用麸皮制品而不是玉米片，我们能推断出所有美国人都这样吗？也许洛杉矶的人更喜欢选择谷类食品。

首先，数据可能是有偏差的。我们不知道数据是否经过过滤或操纵。更多的情况下，对于数据的解读是有偏见的。为了从这些重要来源的数据中获得更多信息，你需要明确区分事实和观点，而事实和观点通常是混杂在一起的，它们在你的会议室中被一股脑地“端上桌面”。

中立观点

认为真相存在于两极之间的平均位置这一假设是明显的无稽之谈，因为每个观点都可以被这么解释。第二个原因在于当你有两个极点位置和一个中间位置时，真相在两端的可能性和真相在中间的可能性是一样的。如果我想说服你，让你确信2加2等于5，我也许会这样和你说：有的人认为2加2等于4，有的人认为2加2等于6，5是它们中间最安全的一个点。

当然，这不是说基于“两极之间取平均”的这种方法得出的论断一定是不实的。但是，如果你仅以这一点来证明你的论断，就是非常值得怀疑的。

另一个相关的谬论是：利用两极或两极之间的连续性，对两极或两极之间的真实差异产生怀疑。举个小例子，如果一个男人留着胡子，你很难准确地判断他什么时候有胡子，什么时候没胡子；但是你不能由此得出结论，认为有胡子的男人和没有胡子的男人没有差别。

要在“有胡子”和“没胡子”之间做一个明显的区分是错误的。这样的人都是“非黑即白”的思考者：他们不能发现“黑”与“白”之间的那些不同程度的“灰”。如果我们试图对一个无法被清晰界定的特征做出区分，我们就会给自己的思路制造障碍。

要理解“排中律”。确定你所遇到的情况是否真的是一个“非此即彼”的情况，不存在中间项。如果事实如此，你就处于一个两难的困境中了。但是，也有可能你所遇到的情况在两极之间有一系列的可能。

下面，我们看一个思路清晰的思考者的例子。爱德华·温珀（Edward Whymper）在7次失败的尝试后，于1865年7月成为第一个登上马特洪峰的人，他说：

> 把困难和危险分开的那条线有时很模糊，但它不是一条假想的线。它是一条没有宽度的实线。它很容易被跨过却很难被发现。有时候，我们不经意间就跨过了它。我们跨过去很久之后，才意识到它已经被跨过了。如果我们有意识地、故意地跨过了这条可疑的线，那我们做的事就从“可辩解的”过渡到“不可辩解的”。

我们不应该将“真相位于两极的中间”这一错误设想与“真正的适度”混淆。当然，同样错误的是，认为那些采取极端立场的人比其他人更“激进”或“诚实”。这种极端主义是一种只会带来短期利益的战略。如果极端主义以消极或者非创造性的方式出现，它会具有非常大的破坏性。因此，优秀的往往不是极端主义者。埃德蒙·伯克（Edmund Burke）曾说过："适度是一种有序的、缓和的、聚合的美德。适度是高尚心灵的美德。"

小结

这些可疑的论点仅仅是一些例子。我没有写那些暗示别人的技巧，讲述作为一名推销员如何说服他的顾客，因为这些通过看电视就可以学习掌握：自信的态度、良好的声誉、权威的氛围、来源不明的证明（比如，"有研究显示……"或"专家说……"）、伪技术术语的使用、可疑命题之前的铺垫、对思维定式的利用、偏见和情感。所有一切都是在暗示你，试图越过你的防线，悄悄地把一些想法植于你的深层思维。这些想法在你下一次去超市的时候会突然迸发出来。要警惕这些隐形的说客。真理的代价，和自由一样，都是永远保持警觉。

但是，即便有的争辩会让我们陷入谬误与陷阱，我们还是不能忽略决策前争辩的重要作用。我们应该摒弃"非对即错""非黑即白"的思维模式，严谨地辨别在特定情境下，哪些做法是合情合理的，哪些不是。在很多情况下，面临选择时，先提一些问题再做决定比不提问题直接做决定要好。

争辩的关键点

◉ 争辩就是通过说理的方法来展示或者证明某事。争辩这个词起源于拉丁语，本意指的是"弄清楚"。

◉ 有效的争辩可以帮助我们厘清焦点议题或者可采取的行动方案。本质上，争辩就是不同想法之间的交流。在争辩中，要有理有据地提出观点。如果争辩演变为个人看法激烈的交锋直至最后变为争吵，那你这条路就走错了。

◉ 作为一名管理者，你要有能力发起并引导有效的争辩，通过这种讨论促成明智的决策。要记住这个原则：员工对于影响自己职场生活的决策贡献的想法越多，他们就会越投入地执行决策。

◉ 哲学家们对于理性辩论的研究由来已久。本章总结了一些他们的建议，你可以从中获益，避免在推理的过程中出现谬误。

◉ 你要警惕任何蓄意利用“行业伎俩”来误导你的企图，这是无良政客的惯用手段。

真理的语言是朴素的。

——德国谚语

11

有益的创意

创造就是不断地做一些新的事情。

——马丁·路德（Martin Luther）

创新的想法对工业、商业和公共服务业都至关重要。新的产品和新的做事方法是成功企业赖以生存的命脉。本章的主题是创造和创新思维，新思想孕育与成熟的方式。新思想的产生并没有固定的步骤可循，但是如何鼓励、刺激新思想的产生是有方法可依的。为了激发头脑的这种合成与整合的能力，你需要创造合适的条件并使用一定的原理。

什么是创造力?

我们都有新想法。然而，在一生中，每个人生成新想法的数量和质量是有所不同的。如果一个人有很多的新想法，并且这些新想法中有很多是优秀的，那么我们就可以把这个人称为创造性思考者。

我们在评价某人有“创造性”时，应该尤其谨慎。因为这涉及价值判断。理论上，我们应该区分创造力的两个维度：数量和质量。多产的小说家在大部分国家都不鲜见，但是有的作家一生只有几部作品，我们却认为他们是真正的天才。大多数有创造力的思考者都可以按质与量的比例来衡量（参见下面的创意比）。

高	A 高生产率、低质量	C 高生产率、高质量
想法生产率	B 低生产率、低质量	D 低生产率、高质量
低	想法质量	高

创意比

举一个A型思考者的例子。巴克敏斯特·富勒（R. Buckminster Fuller）博士是一位发明家、工程师、建筑设计师、哲学家。他在被哈佛大学开除，又遭遇生意失败之后，转而进入建筑业和发明业。作为当代最具争议的建筑人物之一，他独创了史无前例的建筑类型，他的作品反映了他对现代技术的信念和乐观。他1927年的作品Dymaxion House（最大限度利用能源住宅），体现出现代住宅不再仅仅是有围墙的建筑，而是应该融合技术、服务于人。他设计的这所房子用一根中央动力柱支撑起顶部的拉索网格结构。在1933年，他又发明了三轮的Dymaxion汽车（一种小型特种车），摒弃了传统的汽车工艺，体现了未来主义的设计理念。

但是，在富勒构思出网格球顶之前，他没有一项发明被人们接受。网格球顶是将三角形连接成一个坚固而轻巧的球体。这是他沿着数学逻辑的道路不懈追求新建筑形式的一大结果。建筑师们称赞这是一个真正的进步，富勒“科学怪人”的公众形象开始改变。不同于普通的圆顶，富勒的球顶不依赖沉重的拱顶或飞拱来支撑，重量载荷通过整个结构传递，产生很高的强度重量比。从那之后，超过200万个球顶以这种方式被建造。

在创造性思维中，是什么决定了质量？关于这个问题有很多定义，但是被普遍接受的就是社会价值判断。这种判断通常以价值家族中的真、善、美作为评判标准。在这里，我们主要关注一下“善”（goodness）。有用的创意应该是“善”的分支。好的想法应该是造福于人民大众的。

我们可以以两种方式来定义一个有创造力的人。这两种方式来源于逻辑推理中的归纳法和演绎法。你可以对有创造力的人展开广泛研究并试图加以概括；或者你可以倒过来，从普遍原理出发，进行推演。这两种方式并不是“二选一”的关系，两者有机结合会产生更好的结果。

不管怎样，对创造力进行界定并不是一件容易的事情，因为创造力不是一种离散的能力。它无法通过分析的过程被发现。它是心智能力与人格、气质、性格的综合。然而，这种组合的核心是合成能力：将混杂的事物整合为新的整体的能力。

需求是发明之母

我们通过研究创造性思考者的素质可以学到很多。他们如何审视自己所处的环境，如何深刻感受发明的必要性，研究这些对我们来说是很有启发性的。利用深层意识原理形成的新想法通常是为了满足迫在眉睫的需求或者应对眼前的不便。

生于1863年的弗兰克·霍恩比（Frank Hornby）是利物浦的一名屠夫，现实中的需求激发了他的创造性思维。他读了塞缪尔·斯迈尔斯（Samuel Smiles）的《自助》（*Self-Help*）一书，开始为孩子们制作模型，并在1900年迎来了他的重大突破。

霍恩比15年后写道："有一年的平安夜，天空中飘着雪，我乘火车开始一段长途旅行。我坐在火车的一角，同往常一样，开始一遍遍地构思新的图纸，想做出新的模型哄我儿子开心。"霍恩比眼前的问题就是他开始建造的起重机模型缺少零部件。突然，他灵光一现，想到可以用螺栓孔穿孔制作相同的零件，这样它就可以用螺栓固定在不同的位置和角度。提起这次发明，他写道："当我想到问题的解决方法时，我很高兴。但我没有想到，为满足自己爱好而花费的几个小时的思考完全改变了我未来的生活和工作。"

霍恩比将他的发明命名为"轻松搞定机械"，并在1901年申请了专利。这是一个很简单的创意——半英尺宽的金属条搭配相距半英寸的螺栓孔。但是这个创意很快就大获成功。1907年，他注册了"麦卡诺"这个商标。在第一次世界大战爆发之前，霍恩比已经赚了一百万美元，并将他的理念写在一本名为《弗兰克·霍恩比：那个用玩具赚了一百万的男孩》（*Frank Hornby: the Boy Who Made a Million with a Toy*）的著作中。麦卡诺是建立在乐于助人的原则之上的。它让每个男孩都有机会学习（当他在玩耍时）如何做一些事情，学做这些事可以让他们长大后成为成功的人。事实上，这个发明在工业上有很多应用，它不仅仅是一个玩具。

在20世纪20年代和30年代，霍恩比的产品进入了很多欧洲家庭。麦卡诺系列玩具逐渐壮大，玩具模型变得越来越复杂，逐渐诞生了霍恩比火车系列、微型玩具系列。创始于1916年的《麦卡诺》（*Meccano*）杂志，逐渐发展成为月发行量13万本的畅销杂志。杂志还有德语版和法语版。麦卡诺安装手册甚至流向了俄罗斯和中国广东。

为自己的孩子制作教育玩具这一需求激发了弗兰克·霍恩比的深层意识，让他能够创造性地整合各种想法和技术。有时，只有存在足够的“需求量”时，新的想法才会应运而生。世界上第一条拉链在1893年的芝加哥世界博览会上被展出。但是，这条拉链存在很多缺陷，尤其不尽如人意的是它很容易松开。之后，名为C-Curity的改良版拉链被研发并试用。但是，拉链直至第一次世界大战才开始风行，当时的美国武装部队为拉链的销售创造了巨大的市场。

很多发明的诞生是为了应对个人的不便。1876年，密歇根州一家瓷器店老板梅尔维尔·比塞尔（Melville Bissell）组装了一台地毯清扫机，因为他打包货物时用的沾满灰尘的稻草让他很是头疼。第一支圆珠笔是在1938年被匈牙利记者拉斯烙·拜罗（Laszlo Biro）发明的，因为他对墨水总是弄脏他的书写感到很厌烦。

英国有一项改变了日常生活的发明。1812年，世界上第一个罐头工厂建于伦敦的伯蒙德塞。在当时，只有专家技工才能从事装罐头这项工作。要装入罐头的东西通过罐头顶部的一个孔被引入，之后需要焊上一个圆片把罐头封住。但是，有一个障碍，商标上的提示是这样写的：用凿子和锤子沿靠近外缘的顶部切割。这就非常麻烦，这时，有一个发明完美地诠释了“需要是发明之母”这句格言，这个发明就是开罐器。

托马斯·爱迪生一直被认为是天才，他对发明这个问题作了一些思考，提出了那个著名的定义：“天才是1%的灵感加上99%的汗水。”他对他的秘书又详述了这句话：“这其中的99%是行不通的知识。另外的1%可能是天分。但我知道的唯一能够让我做成事情的方法是耐心观察，持续努力。”

然而，即便具备像爱迪生一样惊人的工作效率，我们大多数人竭尽一生也不可能完成一项和发明电灯同一水准的发明。而他不仅发明了电灯，还发明了留声机、电话（同期和他竞争的还有贝尔）、电力分配方式、X光片等，他的一生都在发明创造。这个男人的能力简直大到无法想象。他能构想可以录制我们听到声音的机器，之后就发明了留声机；而录下我们所见的构想，之后就成了电影摄像机。他所构想的这些机器都超越了现实领域存在的物体，所以它们的概念模型是最高级想象力的产物。面对问题时，爱迪生总是能知道如何找到解决方法。他能以最广泛的角度想象他的发明能带来的短期和长期结果。要达成这些结果，他需要的就是大量的艰苦工作，而他总是迫不及待地开始这些工作。

爱迪生的一生都在不断寻求目标，猎取目标，这带给他极大的兴奋感。他有一次和同事说："比奇，我认为大自然不是无情的。如果有人孜孜不倦地寻找一块好的蓄电池，大自然是不忍心隐藏它的秘密的。我就是那个要去寻找的人。"而他确实也这样做了，不管是探寻电池的秘密、白炽灯泡最适合的灯丝、绝缘电缆的最佳组合，还是探寻任何一个问题的答案，他都是以一种最有条不紊、详尽彻底的方式在做事。他没有一点时间可以浪费，一个问题被解决之后，马上又有另一个想法等待被检测。他知道，他没有足够的时间去探究他所有的想法。比如，最终不是爱迪生，而是莱特兄弟成功地发明了飞机，尽管早在1889年爱迪生就曾告诉过一名记者：

> 你可以确定，这些拿着气囊胡搞的人们都是在浪费他们的时间。他们这样做是行不通的。你得有一台比空气重的机器，然后找东西让它升起来。问题就在于找什么东西可以让它升起来。我也许会找到答案。

扩大你的类比跨度

我要强调广度的概念。我们的类比跨度（我们的思维可以跨越的时间和空间的鸿沟）相差很大。创造性思维通常始于对两个显然不相关的事物或想法之间的关系的感知，这种感知就像火花。有人说，“最有创意的人是整合最多资源的人”。我想稍加修正，“最有创意的人是整合最广范围资源的人”。创造性思维就是将时间或空间中最疏散的事物整合在一起。

有一个经典的实例可以说明这条原则。杰思罗·塔尔（Jethro Tull）发明了条播机，这个发明让他成为“英国农业有史以来最伟大的个人改进者”。塔尔是一名音乐家和律师，是因为有需要才进入农业领域。在他之前，播种是借助带有盛放种子容器的轮式车辆来完成，当轮子转动时，种子会穿过下面的金属管或空心的犁刀。犁刀的刀尖会在土里挖一个小沟，种子就被播撒在这个小沟里。钻头后面的耙子会把土再盖上，盖住种子。早期的机器都失败了，因为它们无法有效地控制种子从容器到土壤的流动。塔尔这个音乐家通过把风琴音板上的机械装置用到钻头上面，解决了这个问题。他通过一个黄铜盖和一个可调节的弹簧来控制谷物的流动，这个弹簧复制了风琴装置上的榫舌。

法国医生雷奈克（Laennec）构想并发明了听诊器。童年时他在一根中空的圆木上向朋友发信号的小事让他想到了这个主意。

对于发明者来说，大自然提供了丰富的资源，让他们可以用来类比。自然万物生长变化的过程中暗含了创造性和整体性的思想。以自然来类比会帮助你发现或应用相关的原理。尝试完成下列测验：

测验：发明或发展

列出创造性思考者受下列自然现象启发所提出（或可能提出）的具体发明或发展。（答案参见第163页）

1. 人类手臂
2. 猫
3. 海鸥
4. 冻鲑鱼
5. 蜘蛛
6. 蚯蚓
7. 花
8. 苍蝇的眼睛
9. 锥壳
10. 动物骨骼结构

兴趣、观察、记忆内存以及合成是创造性思维的关键组成部分。宽广的类比跨度是很有必要的。

深层意识维度

在有意识的层面进行的对于明显无关的事物或想法的合成不同于自由的、自然的创造性思维。后者中合成的过程发生于潜意识层面。最初步的想法本身来自深层意识，前面提到的弗兰克·霍恩比的例子正是这种情况。作家和诗人通常也属于这种情况。戴·路易斯（Day Lewis）曾在一场讲座中描述了这个过程：

> 对于诗人来说，他的经历会沉入无意识的“海底”，然后会在那里待上一段时间，之后它会改变：“那些珍珠就是它的眼睛。”然后，有一天，宝藏中的一片碎片突然浮上表面。通常，它以一种神秘的方式找到我：几个词，一个简单的短语，伴随着一种特别的期待感与兴奋感。它往往在我头脑放空时或考虑其他事情时，出人意料地出现。

在决策时，也有这样类似的现象，我们在《直觉》那章和《深层意识》那章都探讨过。你可以看到相同的原理在起作用，但是创新更强调整体的或不断“生长”的合成——构想形成之后会在大脑这个“子宫”里孕育一段时间。

将头脑放空是一项值得发展的能力。有很多证据可能证明诗人的论点：想法总是在你最不经意、最放松的时候出现，在你没有给头脑增压、急切获得结果的时候。

每当美国商人约翰·皮尔庞特·摩根（J. Pierpont Morgan）要做出某个决定时，关键想法总会自己涌现出来。他会故意地先不去想这个问题，拿出一副牌，玩一个小时的纸牌游戏。在游戏中或者游戏结束后，他会想出合适的决策。摩根用这种简单的放松技巧来解锁深层意识的力量。

很多人通过“规划”他们的思维，有意让潜意识发挥作用而实现了有创意的突破。当他们停止竭力寻求答案，开始做手工或者活动身体来放松时，答案突然在灵光一闪中出现了。悬疑小说作家阿加莎·克里斯蒂（Agatha Ohristie）声称她大部分的想法都是在洗碗的时候想到的。很多男人会在剃须的时候产生想法，有的人在开车或者从事园艺劳动时会有灵感。英国的诺贝尔奖项获得者高弗雷·豪斯费尔德（Godfrey

Hounsfield）博士在漫步时思考得出了关键性突破，促进了人体扫描仪的发展。漫步是他最大的爱好。他之后曾说过："我特别喜欢漫步。漫步的时候，很多想法会整合到一起。引发后续发展的'种子'就来源于漫步。"

宝丽来照片的发明者埃德温·兰德（Edwin H. Land），也是在散步的时候有了绝佳的想法：

> 我记得某个夏天在新墨西哥州的圣达菲度假时，我的小女儿问我，为什么她不能马上看到我给她拍的照片。于是，当我在这个迷人的小镇散步时，我一直在想我女儿给我出的难题。一个小时之后，照相机、胶卷、物理化学反应这些想法逐渐变得清晰。我越想越兴奋，匆忙去找我们的专利代理人唐纳德·布朗（Donald Brown），恰巧他当时也在圣达菲。我细致地向他描述了我构想的这种立等可取式照相机，能够在曝光之后立即成片。在我脑海里，这种照相机几乎已经被设计完成了，它是如此真实以至于我花了好几个小时来描述它。我的描述让布朗也感觉很真实，甚至比最终的成品相机还要真实。

学会放松，用心去"倾听"大脑给你的答案是创造性思维的必要条件。在睡觉之前或者刚刚醒来之后，当你的身体处于一种完全放松的状态时，你的思维常常会和你从事身体活动时一样卓有成效。

在少数情况下，当你做梦的时候，想法会伪装成梦境中的意象。一个世纪以前，埃利亚斯·哈维（Elias Howe）偶然的构想促成了现代缝纫机的发明。他花了数周思索如何制造这种机器，但是有一件事难住了他：如何穿针，并将针尖固定在机器上。一天晚上，在他苦苦工作一天却毫无进展时，他疲惫地睡着了。他梦见食人族抓住了他并命令他："你必须在24个小时之内完善缝纫机，不然你就会被吃掉。"食人族们围着他跳舞，他突然注意到食人族首领拿着的长矛靠近刀尖的地方有一个孔。这时，他突然惊醒了。他找到了解决方法：在缝纫机针底部靠近针尖的地方打孔，而不是像他那个时代的其他机器一样，把孔打在针的顶部。

如果你学会在休息放松的时候思考，新的想法、见解或预感都会从你的深层意识中涌现出来。如果你只是单纯躺着睡觉或以其他任何方式放松，而不尽力调动你的潜意识进行问题和数据分析，那么你不会生成任何有价值的东西。在这里，我们可以应用路易斯·巴斯德（Louis Pasteur）的原则，他说过："运气偏爱有准备的人。"但是，总的来说，学会放松和倾听你内心深处的想法——温暖积极地信任这些想法，让它们去做与众不同的工作——会让你在成为更有创造力的人的旅程中向前迈进。当然，当创造性的想法真的降临之后，它会推动你在有意识的层面进行大量的艰苦工作。这种艰苦的工作也许会持续数年，最终让你的想法成形并将之转化为产品或者服务进入市场。

创意库

找一个特别的地方来储存关于某个特定主题的想法是非常有用的。这个"创意库"可以是一个硬皮本、一个文件、一个鞋盒、一个抽屉，或者是这些东西的组合。每当你有了一个好想法，就把它写下来，存起来。然后，当你认真地开始一项"想象工程"时，这些存起来的想法就是你的前期准备和起点。

举个例子，作家詹姆斯·克拉威尔（James Clavell）曾将他女儿的教科书上的一句话抄到他自己的笔记本上，这句话为他后来创作小说《幕府将军》(*Shogun*)带来了灵感。这句话是这样说的："在1600年，一个叫威尔·亚当斯(Will Adams)的英国人来到日本，成为一名武士。"克拉威尔一直在研究一本关于现代日本的书，但是，他对学校教科书上的这句话很感兴趣，于是改变方向，开始沉迷于对封建时代的日本的研究。4年之后，研读了2183份相关手稿的克拉威尔完成了《幕府将军》这本803页的畅销书。

创意库是创造性反思和思考的有效工具。正如我们之前讲过的，创造性意味着将传统思维认为不相关的事物结合在一起，形成一种前所未有的动态关系。质疑、好奇的头脑不受知识细分和传统分类的影响，把所有有趣的事物都研磨到一起。这种头脑可以促使我们以一种非常多产和刺激性的方式将各种各样的图像、概念和想法结合起来。

你笔记本的几页纸上一系列创造性元素所包含的素材范围有着无穷的潜力，就像万花筒里有各种神奇的重组和联合。通过经常浏览它们，你可以将它们保持在一种准备就绪的状态；你可以对着它们深思，浸入它们，晚上睡觉前翻看几页或在乘火车旅行时看看它们。

读自己的笔记比读别人的书更亲密、更深刻，因为这会让你的直觉发挥更充分的作用(这也是更"经济"的一种做法，我们都知道在我们急需一些想法或事实时，它们是多么的晦涩难懂)。此外，将想法或信息记下来这个行为本身就有助于唤醒你的深层意识。

创新

艺术家或发明家，或者任何领域的杰出的创造性思考者和其他人的区别都在于程度，而不是本性。正如戴·路易斯所说：

> 创造某物的本能（不管是造一张桌子，生一个孩子，给花园搭个架子还是提出某个科学假说）是普遍存在的。不管你的创作多么的简陋或高尚，多么的短暂或长久，它的诞生都是源于创新精神。很多成果是人们共同劳动创造的，比如一项控制实验、一艘船、一架飞机。你可以并且应该以这些成果为荣。

大多数变化是渐进的，而不是间断的。创新的含义不仅仅是创造全新的事物，它还包括对现有事物的改进。关于这种更“温和”的创新，我们可以举一个例子：1867年，丹尼尔·彼得（Daniel Peter）把牛奶加入巧克力做成了牛奶巧克力。创新可以是努力对现有已被接受的事物做出的改进和完善。它致力于为旧的和现存的问题找到更新、更好的解决方法，这些解决方法与实际目标相联系，旨在获得可测量的运行效果。电子表的发展就是一个很好的例子。

创新的需求是普遍存在的。所有的产品，不管是商品还是服务，都需要不断的革新和改进。因为变化正在我们周围时刻发生着，它可以突然包抄整个工艺。想想自从怀表和钢笔发明以来，计时器制造商和书写工具制造商所不得不应对的变化。公众对于有用或有“附加值”的新奇事物的巨大欲望推动了创新。

工商界对创新有普遍需求，加上小小创新就能带来成本节省或产品改进，这些为所有有想法的人打开了创新之门。

不同的改进可能遥远地发生于另一个国家、另一个行业甚至历史上的另一个时间，但是它们之间也许存在某种联系。例如，美国邮购巨头西尔斯百货在20世纪20年代率先向中西部地区分散的美国农民供货的方法，与马莎百货今天的成功似乎没有关系，但这种创意的链接是存在的。因为西尔斯百货为马莎百货提供了参考模型。

EFFECTIVE DECISION MAKING

在20世纪20年代，美国的农民几乎没有时间或机会外出购物，他们通过西尔斯百货提供的商品目录订购商品。西尔斯百货创新性地提出了“无理由退货”的承诺。提供这种邮购服务还意味着需要开发新的人际技能，例如组织供应商达到新的效率标准。西尔斯在20世纪20年代进一步做出调整，将其商店设在城市郊区，以适应广阔的新城市市场。1924年，西蒙·马克斯（Simon Marks）访问美国和西尔斯百货时，他重新考虑了自己公司的目标，决定做出重大变革：以工人阶级和中下层阶级人士都能够负担的价格向上层社会人士提供高品质的商品。

创新需要一定程度的谦逊。我们要“站在前人的肩膀上”，同时，也要允许别人“站在我们的肩膀上”。正如伟大的物理学家卢瑟福（Rutherford）勋爵所说：“每个人都依赖于前辈的工作。当你突然听说了一个非常出乎意料的、意外的发现，你要确信它是在一个人对另一个人的影响下发现的，正是这种互相影响让科学进步有了无限的可能。”

因此，创造是一项社会活动。有创造力的人依赖前辈和同事做出的努力。在所有高质量的思考中，一定程度的无私是十分必要的。

管理措施

作为一名管理者，你如何鼓励员工创新呢？下列措施供你参考：

◎ 通过思考你自己的工作并做出改善来给别人树立榜样。记住，能动性与行动不一样。摆脱沉疴，做出改变。如果你改变自己，人们对你也会有改观。

◎ 以一种新的眼光看待你的团队。将创新者和老化、懈怠的人们区分开来。鼓励每个人都产出一定量的新想法。

◎ 建立公平的机制来奖励有创造力的个人和团体。小额现金奖励很有用。举个例子：十几年前，英国铁路公司对一名火车司机奖励了100英镑，因为他提出火车司机攀爬引擎时穿的防尘衣上的闪亮金属纽扣可以用更便宜的橡胶合成纽扣代替。这个想法帮助铁路公司一年节省了2000英镑。

◎ 时不时地留出一些时间来组织创新讨论会。列一份清单，集中员工个人提出的建议或问题，以供大家讨论。根据那些看上去有发展前景的建议采取行动。

◎ 创设信任、温暖、鼓励个人独立思考的支持性和建设性的氛围。

有益的创意关键点

◉ 对于任何人类事业来说，新想法都是至关重要的。创新是指拥有新的和有价值的想法；创造力是指将这些想法变为新的或者改良的产品和服务并推向市场。

◉ 类比往往是产生新思想的触发器。创造性思维通常始于对明显无关的事物或想法之间的关系的洞悉，是思想的小火花。

◉ 真正有创造性思维的人会在很宽广的范围内找到事物之间的联系。他们会看得很远，甚至会联想到遥远的地方所发生的事或历史上曾发生的事，并由此为他们的问题寻找解决方法。

◉ 从侧面去思考问题或者横向思考问题很重要。因为解决问题的"种子"也许在你现在所关注事情的"盒子"之外。

◉ 横向思维往往会让你改变看似自然或有逻辑的做事方式。举个例子，刚开始制造汽车时，一队队的工人需要从一辆汽车移向另一辆汽车。亨利·福特把这种方法反过来了。他把汽车车架系在皮带上，然后把它们移过工人的面前。装配线就是这样诞生的。

◉ 作为一名战略领导者，你要确保在你的组织中发展出一种能够培养有益创意的精神、氛围或文化。

人类具有卓越的创造力，注定要有意识地为一个目标而奋斗，并参与创造——也就是说，不停地、永远地创造新的道路，无论它们通向何处。

——陀思妥耶夫斯基（Dostoevsky）

12

发展你的思考技能

我们应该把培养独立思考和判断的一般能力始终放在首位，

而不是将专业知识的获取放在首位。

——阿尔伯特·爱因斯坦

这章旨在激发你发展自己的思考技巧，这样做会有益于你的事业成功以及你的心理健康和生活幸福。因为心理健康和身体健康一样重要。智力活动、运动和游戏可以帮助你保持头脑清醒。

本书的内容是基于决策是管理的基础这一假设。管理者们在现实中所做的决策大不相同。如果你分析一下这些决策，你会发现很多决策是围绕对于资源的合理使用（人、钱、工厂），进而达到组织机构的目标。在某个特定的时候，这些目标是什么，你如何衡量它们，你的资源有哪些，这些都是值得认真思考的管理问题。

什么是高效决策？

在你成为一个更高效的决策制定者之前，你需要先思考一下高效决策的本质。高效决策未必是一个完美的决策。当然，我们也不知道所谓的完美决策是否真的存在。但是，高效决策一定是在特定情境下，你所能做出的最好的决定。在这种语境下，我们做出价值判断用的一些词，像“好”、“更好”或“最好”意味着什么呢？它们是以决策是否达到了你设想的目标为标准做出的评估。箭是否射中了靶心？决策是否影响了你的目的？

在很多情况下，正确的行动路线不是唯一的。通往山顶的路有很多条。在这个意义上，决策和解决数学问题形成了鲜明对比。“36加64等于几”这个问题只有一个正确的答案，而管理问题不是这样的。

但这并不能免除一个组织的管理层在选择最适合他们的行动路线时需要付出的努力。因为每一个组织机构都是唯一的。此外，多数情况下，照搬成功的竞争对手的做法并不合适。高效思考的过程通常包括回溯到基本原则，深刻反思不断变化的情境并将新事物与旧事物创造性地混合在一起。

最终，检验决策的标准是它能否真正地产出有效结果。如果它可以，它就是高效的，因为它实现了你的意图，它给出了你想要的结果。作为一名管理者你可能面临的困难是当你可以判断结果时，一切就为时已晚了，你可能已经做出了错误的决策。因此，在你做出决策之前，你要了解那些“很可能高效”的决策的特征。如果你或你所在组织在决策的过程中偏离了这些已经得到认可的标准，那么在你们的“思想驾驶舱”中就会亮起红色的警示灯。

因为在做出决定之前，你不能完全了解一个决定会带来的结果，所以你会面临一定程度的不确定性。有一些结果是你可以准确预知的，有一些结果是非常有可能的，还有一些是只有一定可能性的。但是，还有一些结果会因为某种原因被完全隐藏起来。你要学会去适应这些。其他的突发事件也可能会发生在你身上，这些可以让一个好的决定在一夜之间变为一纸空文。竞争对手的行为、全国性的罢工以及世界价格的不可预见的变化，所有这些都可能在决策和预期结果之间进行灾难性的干预。因此，一个高效的决策者会考虑到这些意外。他/她会准备一个应急计划，以便修正自己的决策，在面临意料之外的变化时仍然能够成功地达到目标。

所涉及的风险、信息的绝对复杂性以及对行动方案支持和反对意见之间的平衡，都可能滋生优柔寡断，这是公司管理的最严重问题。预防胜于治疗。你要记住：管理者的本质在于必须在必要时迅速地做出决定。记住这点有助于你保持果断。

有时，商场如战场，不存在明显正确的决定，只有互相竞争的选项迫使你做出决定。只要能推进事情的发展，做个错误的决定也比完全不做决定好。你可以选择驾驶移动的船，或者选择不动。如果你做出了一个错误的决定，随着错误变得明显，它通常能够被及时改正。这就是试错法的原理。对于那些不知道下一步该做些什么的人来说，试错法是一种宝贵的战略。

对于犯错误的恐惧会造成一种不好的氛围，让焦虑、拖延和犹豫不决生根。自相矛盾的是，许多关于理性决策的书籍和课程，往往充斥着代数方程，这会助长人们对错误的恐惧。要做出决策，你需要有信心。这意味着你要摆脱对于错误的恐惧。你当然会犯错误，但这比什么都不做要强。

任何头脑清醒的管理者都不会故意去犯错误。制作一份检查核对表会让管理者们受益，确保他们一直航行于通往高效决策的路线上。下列是检查核对表中要包含的一些关键问题：

◎ 我是否定义了目标？

◎ 我是否掌握了足够的信息？

◎ 哪些是可行的选项？

◎ 我有没有对它们进行正确的评估？

◎ 我现在开始实施这个决策了，这个决定感觉对吗？

当你确实犯了错误之后，把你的后悔转化为“金子”。回头看一下你的检查核对表，试着准确地识别一下你哪里做错了。这样，你就能通过这次经历学习到一些东西。这种学习经历反过来会进入你的深层意识。下次，你再有可能犯错误时，预警红灯会闪得早一些。

达成共识的目标

领导力不仅仅关乎获得正确决策的知识品质，尽管这点很重要，它还关乎通过人获得结果。因此，领导需要在决策的过程中让其他人参与进来。因为一个决策只有被彻底贯彻执行了，它才是一个有效的决策。人们只有在决策的过程中显性或是隐性地分享了自己的想法后，才更有可能全心全意地执行这个决策。

人们可以参与决策过程的早期阶段，让领导去做最后的决定。比如，他们可以提供信息或提出可能的解决方案。领导会在多大程度上让其他人或团队参与决策制定，取决于某些关键因素：决策的类型、相关人员的知识和经验以及诸如可供咨询的时间之类的处境因素。

考虑到这些因素，在一些情况下，你会希望能达成共识，尤其当你正准备晋升时。然而，很多管理者并不清楚这个语境下的共识意味着什么。请看如下定义：

> 小组成员对所有可行的行动方案进行了彻底的辩论并且每个人都认为在当前情况下，某个特定的解决方案是最佳的，即便这个方案可能并不是每个人的首选方案。
>
> 最重要的是检验一下：每个人都准备好按照这个选定的方案采取行动了，就好像这是他们的首选方案一样。

如果团队成员对组织的宗旨和目标有共同的承诺——一套共同的价值观——并且每个团队成员都不是咄咄逼人或自大利己，那么，如果领导者有决心和技巧寻求共识，共识通常很快就会达成。

什么是高效思考者?

个人、团体和组织做出正确的决策需要具备高水平的基本思维能力。让我们来回忆一下高效思维的主要元素。分析能力持续发挥作用，将大的实体分解为零部件，筛选信息并概括出结论。当你开发行动路径的时候，你在合成，把事物整合到一起。当你在寻找新的组合方法时，最好刻意克制一下自己，不要太挑剔——不要妄下结论。因为想法就像刚刚出生的羊羔，需要温暖、鼓励的氛围。批评和其他形式的判断的建设性核心在于评估，即对相对价值的评定。最后，大脑在不同的层面工作。需要无意识思维协助的整体分析法可能有助于你做出正确的决定：想法会在你的头脑中“孕育”并清晰地“浮出水面”。

高效思考者清楚，果断常常不代表快速决定。他/她一定会认真把问题考虑清楚。一些行业的成功或是失败通常取决于少数几个关键决定，也许一年就一两个。如果这少数几个关键决定是错误的或不像预想的那么好，任何辅助决定都不能完全地扭转局势。从战略视角来看，这些关键决定（比如是否和一个国外的竞争对手联手或是否为了应对竞争做出重大创新改革）是至关重要的。我们必须秉持科学的客观性对它们进行研究，以完全专业的方式采用各种分析和预测方法。在问题被董事会讨论之前，高层管理者应该早就在概念论坛上通过讨论和争辩厘清了相关的选项和数据以及每个选项的支持和反对论据。如果高级管理层几乎把所有的时间都花在处理短期的日常问题上，就不可能做到这点。而如果他们对下属适当地授权，他们就有时间做出恰当的战略思考。

从短期或长期来看，思考在企业管理中的作用并不仅仅体现在决策中。整理系统性问题这种狭义上的问题解决也需要思考，例如那些和技术相关的问题。直觉和想象力、寻找机会和创造机会的能力在企业管理的过程中发挥广泛的作用。缺少了它们，企业的进步会慢慢停止。你对这些能力的发展足够重视吗？

没有一个人拥有全部的这些智力天赋。然而，不管是偶然的还是有意的，这些智力天赋都会出现在一个真正高质量的高层管理团队中。我们都必须学习一些社会技能，使我们能够在同一个组织内或组织外将具有互补才能的思考者的力量有效结合起来。思考是一项团队活动。

那么，什么才是高效的思考者呢？他/她需要擅长分析、合成和评估；知道在什么时候以及该如何使用他们的深层意识；接受直觉。高效思考者的想象力可以发挥作用，在明显令人困惑的情况下找到新的前进方向。有时，他们能想到创造性的解决方法是因为前期的仔细工作。他们乐于接受新想法，甚至可以接受那些受看似不相关的类比启发而产生的新想法：他们能在广阔的范围内找到事物之间的联系。最后，他们非常谦虚，承认别人会在某些思维技巧或专业知识方面超过自己，因此，他们能够在寻求真相的过程中联合他人的想法。

盘点你的技能

改进是一个相对的概念。在任何给定的时间内，一个人都是从某个基线开始改进的。他们的头脑功能是遗传禀赋；教育会将这些功能诱发出来并训练这些功能。自然禀赋与后天教育这两者在一个人心智发展史中的相对重要性一直以来都存在争议。随着研究者不断发表新的研究成果，人们对此问题的看法也一直在改变。然而，可以肯定的是，两者都十分重要。天赋必须存在，特别是对于某些更专业的思维形式，如音乐或数学。但是，高质量的教育对于每个人思维的全面发展是必不可少的。

自我发展的第一条原则就是“了解自己”，确定自己的基线。你比任何人都更加了解你自己。你作为一名思考者，有哪些成就？你的学校报告，来自其他工作人员的反馈和考试成绩，这些如何反映了你的兴趣、才能和气质？离开学校之后，你在应用思维的三个相关领域——决策、问题解决、创造性思维中以何种方式获得了成长？并且，你的同事在正式场合和非正式场合对你在相关领域的成长与改进有哪些反馈？我建议你现在就把这些信息写在一张纸上，越详细具体越好。

现在，把纸翻过来，列出作为一名思考者，你认为自己拥有的好习惯以及坏习惯。坏习惯包括敷衍了事地推理、错误地假设、急于下结论或不认真倾听，这些坏习惯很容易在无意识中形成。找你工作中的同事、你的配偶或好朋友一起来帮你按照这份清单核对。

在工作中学习

你如何养成好习惯？养成好习惯和养成坏习惯的方式一样：观察别人。你也许没有机会和现实中杰出的思考者共事，但你仍然能够通过观察你周围的案例并加以反思来学习。比如，你可以向高层管理者、同事以及团队成员学习。不要忽视你的团队成员，他们也许比你接受了更多的教育和职业培训，何不从他们身上学习一些东西呢？

好的思考习惯就像围绕“真理”太阳运行的行星。作为一名好的管理者，你可以向汤姆森勋爵学习。汤姆森勋爵的一位资深同事曾经这样写道：“他最值得称道的素质就是讲真话的本能习惯。他这个伟大的长处能够让他在别人沉迷于虚构的舒适时依旧追寻真相，尤其是在黑暗的时刻。他总是能面对现实并一直相信，他可以做得很好。”

这些寻求和说出真相的相关习惯在人际关系中有一个不可估量的好处，它远远超过了看到真相所需要的所有脑力劳动，以及有时需要的用恰当的行动去回应真相的道德勇气。真相是信任之父。信任是合作关系的基石。

例如，为了了解在工作中原创思维或创造性思维或高效决策意味着什么，我们依赖于经验。你无法从学校里的同学或者大学里的专业学者那里学到这些事情。企业管理者们就是你的老师，如果他们以身作则的话。如果你能有机会和天才商人密切合作，那将是一件很幸运的事情，当然前提是你要密切观察他们。

阿尔弗雷德·斯隆（Alfred Sloan）曾和通用汽车公司的创始人威廉·杜兰特（William C. Durant）共事。在他的印象中，杜兰特“会单纯依靠直觉的灵光一现来采取某个行动方案，他从不觉得有必要从工程角度寻找事实”。斯隆或许是他那个时代最伟大的经理人，他总结道：“商业判断的最后一步是直觉。”

这里我想再次强调一下我在上一章提出的建议。用一个笔记本记下你的暂时结论、有益事例、原理、新想法、管理格言等。将你在书中或文章中读到的且和你关注的主题有联系的内容记下来。想象一下，三年之后，你最希望自己养成怎样的思维习惯，把它们记在本子上。每个月或每隔一段时间认真地浏览一下你的笔记本，往回翻一翻看看你还学到了什么。认真地思考“思考”这件事，这是你的职责。

保持精神上的健康

职业、工作，这些主宰着我们的生活。但总有一天，你会停止管理。缺少了工作中决策制定这个刺激，你的大脑还会继续保持活跃健康吗？我们大多数人的大脑都未得到充分锻炼。大脑就像肌肉一样，需要经常被使用、被伸展，只有这样，它才能保持健康。如果有规律地进行脑力练习，我们就会一直保持头脑清醒。

我们每天都会损失一些脑细胞。而那些脑力工作者，如律师、教授和医生等，会比从事其他工作的人每天损失的脑细胞更少。

保持头部良好的血液循环，防止脑细胞流失，最好的方法就是使用你的大脑。思考是必要的疗法。我们日常需要从事快走或慢跑这样的体能锻炼，同样的，我们的大脑也需要锻炼。脑部锻炼和身体锻炼一样，应该尽可能有趣，这样你才愿意长时间地进行这种锻炼。刚开始的时候，可以先阅读一些深奥的非小说类书籍。做笔记，和作者“争辩”，得出你自己的结论。

如何避免动力不足

很少或者没有思考者是完全依靠自我驱动的。我们需要来自别人的外部刺激。除了能够激励你独立思考，其他人还会给你带来新想法。这里，我们有必要再引用一下汤姆森勋爵的话。因为他充分利用了这个事实，每个明智的管理者都应该这样做：

> 不管我到了哪里，我都会尝试交朋友并且我自认为常能交到朋友。在我看来，每个人都有一个想法，而十个想法里面总有一个是好的。如果你和十个人交谈能得到一个好想法，哪怕只是一个小的启发，这就不算白费功夫。人们总是向我传递一些信息和想法，因为我让他们相信我对这些很感兴趣，我有时甚至会付给他们钱！有时，通常是在我最没有预料到的时刻，“金点子”就出现了。

获取新的经历。墨守成规是头脑健康的敌人，它会引发陈腐和僵化。如果你不采取任何措施，这些最终会转变为头脑的“症结”。一个新鲜的挑战可以让你的脑细胞重获生机。

新的经历对于已经从事同一项工作超过五年的管理者尤其重要。有时，工作或者工作环境的巨大改变会重新燃起你的兴趣；有时，不变的工作或工作环境会让你感到乏味。不用说，持续的枯燥是脑细胞的杀手。你可以要求升职、调职或进修——任何能让你恢复新鲜视野、热情和工作欲望的事情。如果你的要求被忽略，考虑一下是否需要换工作。这样做也许会有一定的风险，但是，让自己在一份不再给你带来任何智力挑战的工作中浪费时间，也存在风险。因此要避免过度的精神萎靡。

小结

你能在多大程度上发展你的能力成为一名务实而富有成效的思考者，取决于你自己。你想成为一名成功管理者的动机比你的起点——天生智力和学习成绩——更为重要。

我希望这本书至少能引导你思考并且认真思考你作为一名管理者的核心职责：高效决策。最重要的是，希望通过这本书的阅读，你愿意努力去成为一名务实的思考者。

你要有意识地拓展自己，尽可能地学习决策的艺术。即便你自己没有很多的原创思想，你至少要给自己设定目标，更加全面地去了解创新思想的产生过程以及普通人如何创新。各行业的未来，人类文明的未来都取决于创造性天赋和创新才能。

决策要在工作实践中学习，一方面要向行业内明智的从业者学习，一方面要在个人经历中学习。随着经验的积累，你将能够更坚定更快速地学习，尽管在人类生活的各个有价值的领域中总是有更多未知的东西。我们要经常扩大我们的兴趣，为了利益，也为了满足。工作是你施展才华的主要途径，但一个基于对自己能力、兴趣和气质进行现实评估的、明智的自我发展计划，不但能让你在工作中大展拳脚，也能丰富你的整个生活。

发展思考技能关键点

◉ 科幻小说作家艾萨克·阿西莫夫（Issac Asimov）曾写道：“我喜欢思考，写作就像思想划过你的指尖，变为文字。”我希望这本书能让你爱上思考并让你愿意去发展自己的思维技巧。

◉ 读至此处，你应该认识到作为一名思考者，你的优势和劣势是什么，以及需要在哪些方面做出改进。一如既往，原则在于立足优势、摆脱劣势。

◉ 没有反馈，你的个人发展很难有进展。反馈主要有两个来源：生活和其他人。前者的表现形式就是你所做决定的结果，意料之中或意料之外的。根据本书中所讲的原则反思这些经历，并吸取教训。

◉ 拿出一张纸，写下别人对你作为一名思考者的意见和反馈，这里的思考者特指务实型思考者、决策制定者。在你收到的反馈中，有什么共性可循吗？你有什么倾向？

◉ 哪些人的事迹或者教诲能帮助你成为更高效的决策制定者？记住，如果你善于倾听，有经验的领导者总会教会你一些事情。

◉ 谦逊这种品质能够让你保持开放的学习态度。它是优秀领导力的必要条件。

总的来说，你知道自己思维的强项和弱项。利用对自我的认知以及在本书中学到的原理来建立发展思维的基础。请至少将本书读两遍。不要期待太多，也不要尝试太少。在遇到困难的时候，可以用这句古老的谚语来鼓励自己："上帝与那些坚持不懈的人同在。"

学习本身就是极大的奖赏。

——威廉·赫兹里特（William Hazlitt）

答案

EFFECTIVE DECISION MAKING

ANSWERS

练习1：谁要去巴克大街？

面包师是鲍勃·巴克。伯特的姓氏是伯克。巴特·伯格要去巴克大街。

出租车编号	名	姓	职　业	妻子名字	目的地
1	布拉德	邦杰	理发师	贝蒂	贝克大街
2	鲍勃	巴克	面包师	碧翠斯	伯顿大街
3	巴特	伯格	银行家	芭芭拉	巴克大街
4	布莱恩	贝克	屠夫	布伦达	波本大街
5	伯特	伯克	经纪人	柏妮丝	巴顿大街

从第2、第4、第6、第7、第11条线索，我们可以得知：芭芭拉的丈夫上了第三辆出租车，最后一辆出租车开往巴顿大街，屠夫上了第四辆出租车，鲍勃上了第二辆出租车，邦杰上了第一辆出租车。剩下的谜题只能通过结合线索和排除可能性来解决。

你知道屠夫在第四辆出租车上，所以伯格先生（线索16）一定是在第三辆出租车上。既然伯格先生上了第三辆出租车，布伦达一定是第四辆出租车上男人的妻子（线索10）。

下一步就是将线索5和线索9结合在一起。伯顿大街是碧翠斯·巴克的家；因此，这些线索唯一适合的地方是二号出租车要去的地方。

接下来是线索12。贝克先生一定是上了第四辆出租车，因为这是唯一姓氏和目的地还没有被发现的。

接下来，线索14。因为理发师住在贝克大街（线索13），并且所乘出租车往后数三个就是布莱恩所乘的出租车（线索15），所以理发师唯一可能乘坐的出租车就是第一辆出租车。因此，布莱恩的姓氏是贝克。

因为柏妮丝是经纪人的妻子（线索8），所以根据排除法，经纪人在第五辆出租车上。

根据排除法，第三辆出租车现在可以对应线索3（巴特是个银行家）。

线索1现在只能对应第一辆出租车。

高层管理者需要具备什么（P.25）

高层管理者最有价值属性排名	主要通过专业学习发展的特质	主要通过工作经验发展的特质
1.决策能力	1	9
2.领导力	0	9
3.诚信正直	1	6
4.热情	1	6
5.想象力	1	6
6.愿意努力工作	3	3
7.分析能力	7	2
8.理解他人	0	9

（续表）

高层管理者需要具备什么（P.25）		
高层管理者最有价值属性排名	主要通过专业学习发展的特质	主要通过工作经验发展的特质
9.发现机会的能力	1	8
10.应对不利局面的能力	0	9
11.快速适应变化的能力	1	9
12.愿意承担风险	0	8
13.进取心	1	4
14.良好的口头表达能力	4	5
15.机敏精明	1	9
16.高效率的执行力	1	9
17.思想开明	2	6
18.坚守的能力	3	4
19.愿意加班	3	3
20.有抱负	2	5
21.专心	3	5
22.良好的书面表达能力	9	1
23.好奇心	4	3
24.对数字敏感	7	2
25.抽象思维能力	7	2

练习2—6：你的逻辑思维能力怎么样？（P.35）

2.第一个陈述或者第四个陈述肯定有一个是对的，因为他们不可能都是错的。因此，卡彭特先生或梅森先生中有一个是油漆匠。

第二个陈述和第三个陈述肯定都是错误的，梅森先生是木匠，卡彭特先生是油漆匠，佩因特先生是泥瓦匠。

3.因为只有两个理发师，那么每个理发师的头发肯定都是另外一个理发师剪的。逻辑学家选定其中的一个理发师，是因为这个理发师给自己的竞争对手剪得头发更好。

4.鹦鹉是聋子。

5.在剩下的97%的女人们当中，如果一半戴两只耳环，另一半一只耳环都没戴，这和每个人都戴一只耳环是一样的。假设800个女人每人都戴一只耳环，那么共有800只耳环。

6.一辆火车的速度是每小时60英里，另一辆火车的速度是每小时40英里，它们开向对方。它们一个小时就可以开过它们之间100英里的距离。因此，它们将在1个小时之后相遇。因此，飞机以每小时80英里的速度来回穿行了1个小时。这个问题的各方关系重新厘清之后，你应该可以自己给出答案了。

想一想1（P.37）

1.把猫抱上车，然后空手回来。

2.把萨拉抱上车，然后把猫抱回来。

3.把猫放在房子里，把罗杰抱上车。

4.空手回来，把猫抱上车。

想一想2（P.39）

（a）海军舰长多大年龄？ 52

（b）参加足球运动的乘客是哪国人？荷兰人

职 业	国 籍	年 龄	运 动	目的地
工程师	荷兰人	40	足 球	伯明翰
教 师	意大利人	24	游 泳	曼彻斯特
记 者	英国人	32	排 球	伦 敦
歌 手	德国人	21	田 径	纽卡斯尔
海军舰长	法国人	52	手 球	普利茅斯

可以用这种方法解决问题：按顺序查看1—14的陈述。

关注仅有一个答案的线索。即：

1.工程师坐在最左边。

2.打排球的坐在中间。

14.工程师坐在意大利人的旁边。

然后，找到有两个可能答案的信息。即：

11.从法国来的乘客挨着德国人坐。

如果你把法国人放在中间，把德国人放在他的右边，你就错了。你可以继续但是无法完成整个问题。

如果你把德国人放在最右边，把法国人放在他的旁边，你是正确的。你可以继续逻辑推理，因为你会发现另几项信息只有一个答案。那就是：

3.英国人是个记者。

7.打手球的是法国人。

8.从荷兰来的乘客打算前往伯明翰。

13.24岁乘客邻座的乘客准备前往伯明翰。

然后，再找有两种可能答案的信息。即：

5.教师参与的运动是游泳。

如果你把教师放在工程师的旁边，你是正确的，可以继续逻辑推理。

如果你把教师放在最右边，你是错误的，不能解决问题。你很有必要再回到这点，选择另一个选项。

如果你把教师放在工程师的旁边，然后继续逻辑推理，找到只有一个答案的信息项：

10. 从事田径运动的乘客打算前往纽卡斯尔。

现在运动项还缺一个，所以回到问题开始的信息：

从荷兰来的人一定踢足球。

6. 海军舰长的目的地是普利茅斯。

4. 歌手21岁。

9. 准备前往伦敦的乘客32岁。

12. 40岁乘客邻座的乘客准备前往曼彻斯特。

因此，海军舰长52岁。

练习7：失踪的太空火箭（P.41）

我建议的解决方法是：

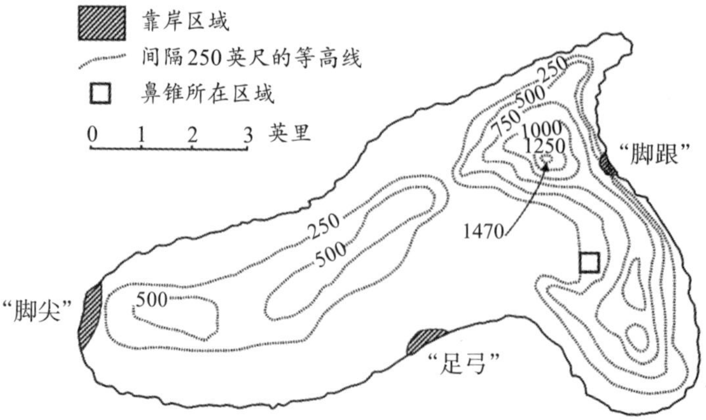

我会让我的队员在西部“脚尖”区靠岸，沿路况良好的南部路线陆路到达搜索区域，根据对题目所提供数字的计算，大约于17：30分到达，比潜水艇上敌人的预计达到时间（傍晚18：45）还要早一个多小时。

题目显示，这些船只的划艇速度只能达到每小时2英里。较容易向南的陆路路线可以以每小时4英里的速度通过，但其他可能的路线只能以每小时3英里的速度通过。东北部的悬崖可以以每小时90米的速度攀登。

我的行动方案可以避免没有装备攀爬悬崖的风险，以及在波涛汹涌的海上划船10千米到达在南部登陆点“足弓”区所造成的延误和疲惫。

我排除掉那些需要分散我的队伍和敌人对抗的选项是因为潜水艇上的敌人已经意识到他们被发现了，所以没有什么可能让登陆人员感到惊讶的。目前还不确定潜艇会选择哪个着陆点。

练习8：选择问题P.102

随机机械师决定按照标准检查表，重新核对检查。当飞机上升到800英尺的高空时，引擎重新启动了。

测验：发明或发展P.136

1.20世纪30年代初始，一名叫作卡沃尔廷（Carwardine）的年轻的英国设计师进入了赫伯特·特里公司。他提议应用从人类手臂运动中发现的恒定张力连接原理来制造一款台灯。公司同意了，并制造出万向台灯。自那时起，这款台灯就被投入生产，后期产品除了细节和装饰外几乎没有什么改变。

2.马路上的反光灯。

3.喷火式战斗机。

4.克拉伦斯·伯宰（Clarence Birdseye）在加拿大度假，看到一些被自然冰冻住的鲑鱼在融化。当这些鲑鱼被做熟之后，他发现它们很鲜美。他以此为启发，开发了食品冷冻业。

5.它们可能启发了独立悬架原理的提出。

6.蚯蚓的挖洞行为启发人们发明了一种新的采矿方法，这种方法现在被用于商业生产。

7.在爱丁堡皇家植物园，有一块牌匾用来纪念一朵花，这朵花为水晶宫的设计带来灵感。

8.考文垂大教堂的建筑设计师巴兹尔·斯宾塞（Basil Spence）爵士在翻看一本自然历史杂志时，他看到了一只放大的苍蝇眼，这启发他想到了拱顶的大致轮廓。

9.直线电机。

10.球窝接头。